postmedia ● UNI

**UNIVERSITÀ
DEGLI STUDI
DI UDINE**
hic sunt futura

DIPARTIMENTO DI STUDI
UMANISTICI E DEL PATRIMONIO
CULTURALE

Carmelo Bene. Cinema, arti visive, happening, teatro
di Cosetta Saba

© 2019 Postmedia Srl, Milano

In copertina: Carmelo Bene

www.postmediabooks.it
ISBN 9788874902507

Carmelo Bene

Cinema, arti visive, happening, teatro

Cosetta Saba

postmedia●books

Inattualità (come premessa) 7

Archivio, Ricerche, Contesti 19

Happening, Arti visive 39

Corpo/ Performatività/ Cinema 71

Nostra Signora dei Turchi/ Riscritture 103

"Io sono nell'immagine"/ Memorie del corpo 137

Forme / Immagini di altre immagini 169

bibliografia 197

Inattualità (come premessa)

Sin dagli anni Sessanta le arti visive e il cinema costituiscono per Carmelo Bene complessi e costanti oggetti polemici. Ne discende un inquieto intento iconoclasta che attraversa tutta la sua opera i cui differenti piani - letterari, filosofici e musicali - sono variamente fatti scartare, resi intersecanti o stratificati, posti in sovrapposizione, poi ricomposti e nuovamente scomposti, in un intenso lavorio interno, senza soluzione di continuità. Si tratta di una pratica in dispersione, tracciata nel suo *opus*-archivio, entro il campo di tensioni che si è creato nel corso del Novecento tra il processo di definizione e quello, corrispondente e contrapposto, di s-definizione dell'arte occidentale; entrambi questi processi investono non solo il regime identificativo e la distinzione partitiva dell'"arte" (nelle definizioni storiche, istituzionali, procedurali delle singole arti), ma anche la relazione tra "arte" e "non arte" (o "vita") sulla quale storicamente tale distinzione trova il proprio fondamento[1]. La polemologia beniana gioca con la definizione dello statuto ontologico dell'arte e con la storia dell'immagine nelle arti. Quel che emerge, infatti, nelle invettive beniane che prendono forma proprio nel periodo in cui egli inizia a sperimentare il mezzo cinematografico (1967-1970) non è tanto la surrettizia messa in contrapposizione dell'immagine filmica (omesso ogni riferimento alle cinematografie delle avanguardie storiche e delle neoavanguardie) con l'immagine pittorica (superlativamente enfatizzata nelle pratiche di Vasilij Vasil'evič

Kandinskij, di Paul Klee o anche di Pablo Picasso)[2], quanto piuttosto un principio di riflessione sull'immagine *sctricto sensu*, avviato attraverso la scrittura letteraria, teatrale e filmica, che attiene all'allargamento del campo dell'arte oltre la pittura.

Detto altrimenti, l'esercizio polemico compiuto da Carmelo Bene nel corso degli anni Sessanta da un lato, sul piano dichiarativo, concerne l'arte moderna rivendicandone un uso strumentale (in molti sensi), contingente, eteroclito e "profanatorio"; evidenza ostentata in *Capricci* (1969) e in una serie di dichiarazioni coeve del tipo: «Se mi viene tirata contro una sedia, io posso usare un quadro di Raffaello come scudo e ripararmi con questo. Così, posso evitare un sasso con la *Notte* di Michelangelo. Si può prendere un Paolo Uccello, tingerlo di rosso e poi dire che l'arte è comunista; l'utilità non ha limiti, io posso prendere dei Della Robbia e farmene un bel bidet»[3]. Dichiarazioni che rimandano a certi atti di omaggio/oltraggio tra i quali, ad esempio, *Rembrandt comme planche à repasser*

(Marcel Duchamp), 1964, di Daniel Spoerri. Ma, dall'altro lato, sul piano operativo, ancorché indirettamente, Bene si confronta con le contraddizioni e le trasformazioni che investono e informano il fare artistico (allora) contemporaneo. Ciò accade proprio nel momento in cui alle culture pop nordamericane e italiane si contrappone la cultura poverista (nell'accezione grotowskiana)[4] che, in una dimensione concreta e insieme concettuale, agisce *anche* come una sorta di contro-cultura dello sconfinamento delle arti in quella zona interdisciplinare/ extradisciplinare che è la "performance" o che attiene, per molte vie, alla "performatività/corporeità".

Nella pluralità intersecante delle differenze operative e dei quadri teorici sottesi alle ricerche in corso in quegli anni, attraverso l'uso di materiali poveri si apre, nella pratica artistica europea, un'interlocuzione critica con le pratiche minimaliste nordamericane[5], come testimoniano le esposizioni *Arte Povera*, realizzata presso la galleria La Bertesca di Genova (1967), *Conceptual Art, Arte Povera, Land Art* (1970) presentata alla Galleria Civica d'Arte Moderna e Contemporanea di Torino, entrambe curate da Germano Celant e *Live in Your Head. When Attitudes Become Form. Works - Concepts - Processes - Situations - Information*, presentata alla Kunsthalle di Berna e all'Institute of Contemporary Art ICA di Londra (1969-1970), curata da Harald Szeemann. Si tratta di pratiche rispetto alle quali i materiali naturali o artificiali, le cose, le azioni e i comportamenti sono tendenzialmente fatti oggetto di una riduzione linguistica, spesso posti in aggregati compositi in cui si tracciano i differenti modi operativi e i processi elaborativi degli artisti. Tra Europa e Nord America, tali pratiche introducono ideologicamente delle criticità dialettiche nel mondo dell'arte indotte dalle modalità mercificanti e mercificate che lo regolavano come regolavano il mondo tout court.

In tale contesto culturale, in cui l'arte non è più confinabile in alcun campo, dove progressivamente tutte le materie, tutti gli ambiti disciplinari sono ammessi e in cui entra in crisi il paradigma del medium (in quanto non più coincidente con un particolare supporto e non più corrispondente a una peculiare tecnica esecutiva) a Roma, dove dal 1967 è attiva la Cooperativa del Cinema Indipendente, lavora Carmelo Bene, pressato da varie urgenze di ricerca interlinguistica non disgiunte da altre di natura economica a sostegno delle prime. Di ciò che si dice "arte" Carmelo Bene rifiuta polemicamente ogni dimensione consolatoria, accetta la logica mercificata che la sottende e la muove affrontando lo snodo ideologico della sua autonomia e eteronomia: il mercato è una forma nella quale si esprimono i rapporti sociali secondo una logica culturale di equivalenza e di intercambiabilità valoriale, nell'evidenza fattuale che l'opera d'arte è merce e attività (lavoro) e che l'attività artistica

è una modalità della forza-lavoro. È un punto di emersione, questo, della forza politica ed estetica della pratica beniana quale effetto specifico di un complesso legame con molteplici processi storici del contemporaneo (e non solo), la cui inerenza biopolitica è ravvisabile nella centralità assunta dal corpo che, nondimeno, a partire dagli anni Settanta tenderà a disperdersi in una dimensione transtorica; più precisamente, Bene comincerà a pensare il tempo come un "fuori assoluto". Eppure, la cultura di Bene non è contemporanea a quel contesto: essa è inattuale nel senso e nella misura in cui non si conforma al proprio tempo. Tuttavia, a quelle date, nei primi anni Sessanta, proprio *in quel* contesto operativo, rispetto al divenire "campo allargato" dell'arte, la sua pratica (ossia la relazione tra ciò che egli sa e ciò che egli fa) si rivela indisciplinata ed eccentrica, capace com'è persino di anticipare alcune modalità dell'happening e della performance che in Italia emergeranno in ambito artistico solo tra il 1967 e il 1968 (nel lavoro di Pino Pascali, Jannis Kounellis, Mario Ceroli). La ricerca di Bene precorre forme, modi e operazioni che sostituiscono all'opera - quale esito, prodotto o "resto" - il progetto, il processo, l'evento (inteso come l'inaspettato, come ciò che accade, secondo l'accezione di Jacques Derrida)[6], con varie incidenze leggibili nei tracciati letterari del suo lavoro, così come negli interventi scenici (tanto nei teatri istituzionali quanto in spazi autonomi quali il Teatro Laboratorio, il Beat 72 e il Teatro Carmelo Bene) e nelle produzioni cinematografiche (*Hermitage*, 1968; *Nostra Signora dei Turchi*, 1968 e *Capricci*, 1969).

L'articolazione teorica del lavoro di Carmelo Bene mette in relazione filosofia, letteratura, teatro, cinema, arte e la materia compositivo-testuale della sua opera è derivata da un inesausto lavoro portato su determinate fonti letterarie e visive che ri-comprende anche le opere proprie. Nella pratica beniana, infatti, l'"opera" consiste in una serie espressiva aperta che incessantemente si riposiziona tra la ricerca teorica, interminabile e sempre *in fieri*, e l'insieme delle sue sperimentazioni, puntuali ma varianti, che assumono forme diverse: scritti letterari, interventi teatrali, film. Come avviene in tanta arte contemporanea, anche nella pratica beniana l'"opera" tende a tracciarsi entro insiemi di varianti e si estende in serie o costellazioni quali "Majakovskij" (1960, 1961, 1963, 1974), "Amleto" (1962, 1967, 1973, 1974), "Pinocchio" (1961, 1966), "Gregorio: cabaret dell'800" (1961, 1963), "Manon"/ "Arden of Feversham"/ "Capricci" (1964, 1968, 1969), "Nostra Signora dei Turchi" (1966, 1967, 1968, 1972-1973), "Salomè" (1964, 1967, 1972). Ogni opera si produce e si trasforma in un'opera ulteriore e *differente*. Ciò che emerge è senza dubbio il principio di ripresa testuale e di trasformazione di un'opera in un'altra, ma è soprattutto ciò che si produce *in between* a tracciare un fitto reticolo di relazioni, di forme e di figure trans-migranti.

Le culture visuali degli anni Sessanta definiscono il contesto nel quale Bene si trova e rispetto al quale prende a operare con modalità singolarmente idiosincratiche, in un confronto critico e autocritico inesausto che dispiega una potenza performativa inusitata sia nella sua prima pratica teatrale, da *Spettacolo-Concerto Majakowskij* (1961, I edizione, con Sylvano Bussotti) a *Don Chisciotte* di Cervantes (1968, con Leo De Bernardinis e Perla Peragallo), sia nella pratica cinematografica, singolare e definitiva, che comprende quella propria (i film sopra citati) e quella altrui (*Edipo re* di Pier Paolo Pasolini, 1967; *Il canto d'amore di Alfred Prufrock* di Nico D'Alessandria, 1967; *Umano non umano* di Mario Schifano, 1969); pratiche, queste, nelle quali esperisce l'asincrono tra voce e immagine, sperimenta modi vocali e modulazioni performative. L'opera cinematografica di Bene si consuma nei pochi anni che vanno dal 1968 al 1973[7] e i primi film, *Hermitage*, *Nostra Signora dei Turchi* e *Capricci*[8], coincidono con il ciclo della rivolta culturale del 1968-1969.

Gli anni Sessanta, il decennio dal quale prende avvio la sua ricerca, si fanno per Bene laboratorio di un processo di formazione e, insieme, di trasformazione estetica e politica (nell'accezione rancièriana)[9]. Ricerca che tuttavia deborda dai limiti di quel decennio scandito da Bene con un lavorio continuo, frenetico, denso di progetti realizzati o incompiuti.

Un decennio d'instancabile attività che egli in seguito disconoscerà non senza ammettere delle eccezioni, quali il lavoro teatrale *Il rosa e il nero, invenzione da Il Monaco di M. G. Lewis* (1966)[10] e alcuni passaggi filmici di *Nostra Signora dei Turchi*[11]. Del periodo e dell'opera abiurata in rapporto alle eccezioni ammesse - e segnatamente rispetto alle varianti letteraria, teatrali e filmica di "Nostra Signora dei Turchi" (1966/1972-1973) - ci si occuperà qui con intento, ma non con esito documentale, giacché l'archivio di Carmelo Bene è potentemente dispersivo e sintomaticamente lacunoso.

Nonostante la dispersione, la rarefazione e la lacunosità degli apparati documentali relativi a quegli anni (e segnatamente del periodo compreso fra il 1962 e il 1969), viene comunque in evidenza come, tra teatro, letteratura e cinema, il suo metodo operativo si metta a fuoco proprio attraverso la dimensione corporea e la cifra performativa.

Seguendo il tracciato di tale operatività è possibile osservare non solo come in Italia, agli inizi degli anni Sessanta, Bene nella sua pratica teatrale abbia anticipato alcuni modi della performance che, come si è detto, in ambito artistico si manifestano pienamente solo nella seconda metà del decennio, ma anche come, affrontando la dimensione (audio)visiva dell'immagine, egli abbia realizzato dei "film performance".

In ragione di ciò, ma non soltanto per questo, la sua ricerca è entrata in contatto con il contesto artistico coevo risultando a esso tangente. Pertanto, uno dei principali obiettivi che ci si è proposti riguarda la ricostruzione del *quando*, secondo quali modalità, con che incidenza teorico-metodologica, su quale piano interdiscorsivo tale contatto si sia prodotto. Analizzare la corporeità e la performatività nel lavoro di Bene, a quelle date, implica simultaneamente avviare una riflessione sulla portata della sua pratica. Si tratta di metterne a fuoco le condizioni di possibilità e di osservarne il campo di manifestazione interdisciplinare in un contesto artistico-culturale, quale quello italiano, caratterizzato da forti discontinuità in quanto, in quel decennio, va aprendosi al confronto con le culture e le controculture nordamericane.

In tale contesto, nell'intreccio di complessità in cui già consiste la pratica di Carmelo Bene è possibile isolare e seguire, su piani diversi ma interrelati, il tracciato della performatività *e* della corporeità/corporalità in rapporto:

alla sovversione dei dispositivi biopolitici che si articolano e agiscono direttamente sui corpi (e attraverso di essi) e che Bene disattiva a partire dal corpo proprio indagando la relazione tra "arte" e "vita" (Rancière, 2004);

all'esecuzione fisico/corporea propria o altrui (durante l'intervento scenico/performance, infatti, il corpo attoriale diviene il *medium* di decostruzione dell'inter-soggettività, lo strumento della sovversione delle definizioni identitarie: luogo in cui si frantuma l'unitarietà dell'Io e in cui soggettività e oggettività sono permutabili ed equivalenti); al *training* dedicato al processo esecutivo-creativo dell'azione performativa (ripetizione/variazione/indeterminazione/improvvisazione).

Il *training* attiene al metodo operativo di Carmelo Bene che disordina e sconcatena l'azione (e con essa la narrazione); l'azione performativa nel suo stesso farsi è sospesa nella traiettoria del gesto che entra in cortocircuito, dimentica la propria finalità, manca il proprio esito. Un principio dissociativo attraversa e modula la voce (che mette in gioco la parola, l'atto linguistico verbale), il rumore, la musica e ogni altra componente testuale[12].

Ma il "corpo" oltre a essere un luogo investito da statuti di identità, soggettività e normatività è anche un medium, un *luogo* in cui si generano, si ricevono, si manifestano e si trasmettono immagini[13].

Nella pratica operativa di Carmelo Bene, quando la dimensione mentale dell'immagine, in forma di pensiero, di memoria o di ricordo, deve essere esteriorizzata, resa visibile e trasposta in un medium, si determina una idiosincrasia, una problematicità che si presenta non nella dimensione teatrale, dato il suo carattere effimero e transitorio, bensì nella dimensione filmica dove l'immagine non solo si attualizza e concreta (sul set come a teatro), ma anche trova iscrizione e durata[14]. Questo è, tra i tanti, un punto di contatto interferente con gli scritti di Antonin Artaud sul teatro e sul cinema. Artaud presuppone una relazione senza soluzione di continuità tra arte e vita, cosicché se l'opera cade lontano dal corpo, se non è trattenuta, è scoria, deiezione; può diventare costrittiva in quanto esteriorizzata, concretata e in quanto materialmente inscritta e veicolata da un mezzo espressivo essa è inerte, morta; può essere persecutoria sia in quanto presenza ripetuta e persistente, sia in quanto oggetto di interpretazione (o "sottrazione")[15]. Di qui il rilievo teorico che l'arte senza opera e il sovvertimento della ripetizione assumono nella pratica di Carmelo Bene dove l'opera stessa mette in gioco la propria autodecostruzione. Questo avviene in chiave performativa attraverso il corpo attoriale reso macchinico dagli automatismi dell'afasia (guasto della parola), dell'aprassia (sincope del gesto) e dagli autoimpedimenti che sconnettono l'azione dalla propria finalità. Ogni componente testuale è investita da un principio dissociativo, da automatismi e da improvvise defunzionalizzazioni. La replica e la registrazione non possono quindi che riavviare un processo decostruttivo che non è mai il medesimo perché introduce qualcosa di inaspettato (un evento), di irriproducibile anche se ripetibile e comunque sempre diversamente accessibile, mai del tutto interpretabile.

L'immagine esteriorizzata, concretizzata, necessita di una forma; deve entrare in una forma o transitarvi. Essa concerne la visibilità, la configurazione, l'"ammanto" e l'esposizione mediale: qui risiede un problema e una criticità che hanno valenza teorica e operativa nel lavoro di Bene in forza della quale l'esteriorizzazione, la concretizzazione, la stessa visibilità dell'immagine si basano anche sull'uso di fonti visive eterogenee o di immagini-cliché. Inoltre, in molti modi, l'esteriorizzazione dell'immagine mentale in forma visibile evoca o mette in campo relazioni anacroniche tra le immagini. Esemplare è, in tal senso, "Nostra Signora dei Turchi" che fungerà da paradigma in quanto capace di rinviare, rendendoli intellegibili, ad altri e più ampi contesti e contingenze di ordine storico, rispetto ai quali la ricerca di Carmelo Bene si rende osservabile nella sua tangenza con le culture e le controculture artistiche degli anni Sessanta, nel momento in cui i confini disciplinari tra le arti prendono ad allargarsi, entrano in contatto, interferiscono, divenendo mobili e mutevoli. La versione filmica, nella doppia valenza di opera e di documento, dischiuderà invece un campo d'indagine in cui corporeità, performatività e (de)costruzione delle immagini si evidenziano quali modalità operative. Autobiografia, memoria, ricordo, immaginazione hanno gioco nell'esteriorizzare l'immagine mentale rispetto alla quale Carmelo Bene mette in relazione le culture visive artistiche contemporanee con la pressoché coeva cultura visuale di matrice etno-antropologica.

Su queste tracce dell'opera di Carmelo Bene si raccolgono qui alcuni esiti di una ricerca *in progress*[16].

1. Jacques Rancière, *Il disagio dell'estetica* (2004), ETS, Pisa 2009.

2. «Perché vi ostinate ad andare al cinema, quando sapete che Kandinsky, Klee, hanno fatto di più, quando sapete che Picasso ha fatto di più?», Elias Chaluja, Jacques Fillion, Gianni Mingrone e Sebastian Schadhauser, "Conversazione con Carmelo Bene" (1969), in Emiliano Morreale (a cura di), *Carmelo Bene. Contro il cinema*, Minimum Fax, Milano 2001, p. 52.

3. Elias Chaluja, Jacques Fillion, Gianni Mingrone e Sebastian Schadhauser, "Conversazione con Carmelo Bene", cit. p. 49.

4. Jerzy Grotowski, *Per un teatro povero* (1968), Bulzoni, Roma 1970.

5. Hal Foster, Rosalind Krauss, Yve-Alain Bois, Benjamin Buchloh, *Arte dal 1900. Modernismo Antimodernismo Postmodernismo* (2004), Zanichelli, Milano 2006.

6. Jacques Derrida, "Pensare al non vedere", in Id., *Pensare al non vedere. Scritti sulle arti del visibile (1979-2004)*, (2013), Jaca Book, Milano 2016, pp. 82-83.

7. La filmografia è composta dai cortometraggi *Hermitage* (1968), *Il barocco leccese* (1968) e da cinque lungometraggi: *Nostra Signora dei Turchi* (1968), *Capricci* (1969), *Don Giovanni* (1971), *Salomè* (1972) e *Un Amleto di meno* (1973); dei cortometraggi mancano (e sono forse perduti): *A proposito di "Arden of Feversham"* (1968) e *Ventriloquio* (1970-1971). Il carattere intermediologico e intertestuale dell'*opus* di Bene mette in chiaro come, in un certo senso, il cinema non inizi con il primo cortometraggio, *Hermitage* e non finisca col quinto e ultimo lungometraggio, *Un Amleto di meno*, ma riveli un "prima" teatrale e soprattutto un "dopo" televisivo che si compie nel «teatro senza spettacolo» e nella «macchina attoriale»; un "prima" e un "dopo" che non possono essere disgiunti dall'opera cinematografica. Cfr. Cosetta G. Saba, *Carmelo Bene*, Il Castoro, Milano 2005 (I ed. 1999).

8. Le riviste che osservano e analizzano attentamente il cinema di Carmelo Bene sono *Cinema & Film* (diretta da Adriano Aprà), *Filmcritica* e, in Francia, i *Cahiers du Cinéma*. *Bianco e Nero* pubblica, a cura di Maurizio Grande, un importante studio: "Carmelo Bene e il circuito barocco", *Bianco e Nero* 11/12, 1973.

9. Jacques Rancière, *Il disagio dell'estetica* op. cit. Id., *Il destino delle immagini* (2003), Luigi Pellegrini Editore, Cosenza 2007.

10. Carmelo Bene, Giancarlo Dotto, *Vita di Carmelo Bene*, Bompiani, Milano 1998, p. 147.

11. Carmelo Bene, *Sono apparso alla Madonna*, Longanesi, Milano 1983, pp. 118-119.

12. La dimensione sonora dell'opera di Carmelo Bene non è stata qui affrontata in quanto, allo stato della ricerca, l'insieme delle registrazioni audio degli interventi scenici di Carmelo Bene non risulta accessibile, rendendo impossibile lo studio comparato delle registrazioni e dei materiali di lavoro audio con le colonne sonore dei film.

13. Hans Belting, *Antropologia delle immagini* (2002), Carocci, Roma 2011, pp. 42-47.

14. Cosetta G. Saba, *Carmelo Bene*, cit., p. 17.

15. Jacques Derrida, "Artaud: la parole soufflée" (1965) e "Il teatro della crudeltà e la chiusura della rappresentazione" (1966), in Id., *La scrittura e la differenza* (1967), Einaudi, Torino 1971, pp. 219-254; pp. 300-323. Questo testo di Derrida è presente nella biblioteca dell'Immemoriale nella riedizione del 1990.

16. L'approccio allo studio è multidisciplinare, il metodo adottato è euristico. La ricerca si basa sulla ricostruzione di materiali documentari d'archivio eterogenei, sull'indagine compartiva e critica delle fonti, sull'analisi dei testi e dei film. Con approfondimenti e ri-argomentazioni sono stati ripresi alcuni temi e questioni introdotti e delineati nei saggi: "CB e la decostruzione delle arti del Novecento", in Rino Maenza (a cura di), *Il sommo Bene*, Kurumuny, Lecce 2019, pp. 392-418; "Parola scritta/orale, Immagine, Corpo: Nostra Signora dei Turchi (1966-1973)", in Denis Brotto e Attilio Motta (a cura di), *Interferenze. Registi/Scrittori nella cultura italiana*, Padova University Press, Padova 2019, pp. 117-125.

"L'Immemoriale" è il nome-lascito testamentario dell'archivio di Carmelo Bene[1]. Nome che dischiude una miriade di questioni intrecciate concernenti la "consegna"[2] e, con essa, gli atti di cancellazione volontari e involontari che la interessano.

Per un verso, il nome dell'archivio richiama e rimanda all'oblio profondo nella sua polarità "immemorabile" ossia, nell'accezione ricoeuriana: «[...] l'oblio dei fondamenti – del loro darsi originario – che non sono mai stati "avvenimenti" di cui sia possibile il ricordo, [è] ciò che non abbiamo mai veramente appreso, e che tuttavia ci fa essere ciò che siamo: forze di vita, forze creatrici di storia, "origine"» . Per Bene, però, non sembra darsi "un'origine", bensì un flusso entropico di provenienze.

Dall'altro verso, "L'Immemoriale" ci espone all'esperienza del potere "anarchivico" dell'archivio che, come sostiene Jacques Derrida (1995), ha conseguenza nel far sì che: «[...] direttamente in ciò che permette e condiziona l'archiviazione, non troveremo mai nient'alto che ciò che espone alla distruzione, e in verità minaccia la distruzione, introducendo *a priori* l'oblio [...]. L'archivio lavora sempre e *a priori* contro se stesso» .

Carmelo Bene sa che il suo lavoro è intestimoniabile e inarchiviabile, ma nondimeno seleziona e tramanda materiali resi così sopravviventi. Si tratta di materiali eterogenei in cui tale lavoro trova *inscrizione*, consegnandoci una massa documentale di straordinario rilievo artistico-culturale: *corpus* centrale della sua biblioteca[5] sono libri con note e commenti a margine e con sottolineature fitte o rarefatte, progetti dattiloscritti, manoscritti (agende e quaderni), copioni, sceneggiature, rassegne stampa, fotografie, negativi e provini fotografici, diapositive, nastri revox, nastri video ampex, DAT, CD, DVD.

Rispetto a quel che si sa o che si crede di sapere sull'opera di Carmelo Bene, di questa messe di documenti salta agli occhi ciò che manca o che si trova fuori posto. Non è solo l'articolazione documentale che l'"archivio" restituisce a dover essere resa pertinente, isolata, relazionata e ricostruita, ma anche gli indizi di dispersioni e distruzioni sono oggetto di interrogazione e di indagine. Non si pone qui a tema lo statuto dei documenti perché lacunosi o mancanti, ma si riflette appunto sulla loro mancanza o lacunosità.

In tale prospettiva si ripropone a un altro livello, rispetto all'"archivio", il problema dell'impossibilità di risalire alle fonti. L'atto selettivo, infatti, implica la cancellazione/rimozione di alcuni materiali, di altri, invece, provoca la rarefazione/ dispersione: effetti concreti del disconoscimento da parte di Bene di quasi tutte le sue opere datate agli anni Sessanta[6], come si evince dai punti di convergenza delle memorie autobiografiche e delle memorie dei testimoni[7], oltre che dalla ricostruzione delle fonti primarie e dei paratesti.

La cancellazione, la perdita e la dispersione che l'archivio traccia, ancorché in negativo, consentono infatti di ricostruire la pratica beniana attraverso i rari documenti sopravviventi attestati o disconosciuti da Bene stesso nelle varie interviste, nei suoi saggi teorici e, soprattutto, nelle sue autobiografie dove realtà, finzione e immaginazione si confondono. Confondono anche il senso di ciò che è stato o sarà stato della sua pratica letteraria, teatrale e cinematografica nel corso degli anni Sessanta che, per molte vie, come si è anticipato e si approfondirà, sembra essere in contatto con il coevo contesto artistico-culturale e che, simultaneamente, risulta scartare da esso. Bene si pone in una relazione critica con il proprio tempo così che l'essere *contemporaneo*[8] non implica l'"essere gettato" o il "cadere nel Tempo", ma la capacità di abitarlo nei punti di sfasatura mettendolo in relazione con tempi altri, leggibili storicamente o semplicemente citabili o, ancora, immaginabili. Non casualmente eterocronie ed eterotopie pervadono in modo transtestuale l'opera beniana degli anni Sessanta, "fucina" dei lavori a venire, della quale tuttavia l'archivio restituisce pochissime tracce.

Allo stato della ricerca, dunque, il tema della rarefazione documentale e il problema dell'assenza delle fonti si presentano in modi assai complessi.

La rarefazione dei documenti è, come si è detto, un effetto conseguente a una serie di atti di selezione/cancellazione. Per questo, ancorché in modo indiretto, la ricezione critica del lavoro di Bene e segnatamente di quello teatrale a quelle date (interviste, recensioni e saggistica) - nella messa in rilievo dei contesti di presentazione, nella descrizione della scenotecnica, nei giudizi estetici e, finanche, nell'incomprensione dichiarata - rivela una straniante capacità di illuminare retrospettivamente, per vedute d'insieme o per dettagli frammentari, non solo la singolarità delle opere, ma anche il ramificarsi dinamico della sua ricerca. Ricerca colta nel suo farsi, *in actu*.

Vi sono poi le opere da studiare e, soprattutto, gli snodi relazionali tra le opere da ricostruire e analizzare: in particolare quelle teatrali - svanite, dissipate nella loro dimensione *live*, evenemenziale, e/o persistenti nella loro dimensione letteraria - e quelle cinematografiche memorizzate, inscritte dalla fotochimica sul supporto pellicolare. Queste ultime costituiscono il precipitato dell'interesse di Bene per il dispositivo enunciativo del cinema che, nella seconda metà degli anni Sessanta, egli prende a investigare e a sperimentare[9] in chiave performativa. *Hermitage*, *Nostra Signora dei Turchi* e

Capricci sono film performance e, insieme, memorie filmiche dello snodo performativo tra teatro e cinema. Vi si potrebbe cogliere deleuzianamente «quel che si gioca fra teatro e cinema», la capacità che il cinema di Carmelo Bene avrebbe di «montare una cinepresa sul corpo [... e] di farlo passare attraverso una cerimonia»[10] e, si aggiunga, di captarla. Detto altrimenti, attraverso i film di Carmelo Bene si ha traccia audio-visiva di ciò che è stato il teatro di Bene nei primi anni Sessanta; teatro capace di rivelare della riscrittura letteraria (racconto breve, romanzo, scritture per il teatro) un potenziale decostruttivo, inventivo e immaginativo che si trasforma performativamente e si dissolve nella modalità *live* sul set come già in scena.

Le opere degli anni Sessanta non hanno fonti non solo perché, come si è detto, il materiale documentario di questo primo periodo risulta distrutto o disperso, ma anche perché, data la complessa dimensione transtestuale (al di là di ciò che appare in modo esplicito o che si disimplica sul piano della citazione letteraria o iconografica), si tratta di fonti compositive cifrate che attengono in profondità ai *modi operandi* di Bene: quello dell'appropriazione del «pensiero di altri – [che] può essere il [suo] sotto certe contraddizioni»; quello «dell'anacronismo deliberato e delle attribuzioni erronee»[12]; quello della lettura come (ri)scrittura[13] e della ri-scrittura come critica; quello dell'anticipazione e non della citazione, ossia dello scrivere *prima di* o *senza* aver letto; quello del prevedere "a priori" o dello scegliere "a posteriori" le influenze. Come sottolinea Gérard Genette (via Michael Baxandall), il carattere unilaterale della nozione di influenza (rispetto alla quale tra due artisti successivi si «attribuisce meccanicamente a X un'azione su Y») deve essere sottoposto a scrutinio, giacché studiando più attentamente la relazione definita "influenza" ci si accorge che «ogni artista sceglie e attrae verso di sé il proprio "precursore"». Come rileva Jacques Derrida, «si è letti da ciò che si legge, è una trasformazione costante». La transtestualità - definibile, in senso genettiano, come tutto ciò che mette un testo in relazione manifesta, allusiva o segreta, con altri testi[16] - è agente di riscrittura e di radicale ritestualizzazione che, pertanto, porta alla perdita irreversibile della fonte o al depistaggio programmatico, alla falsificazione. Bene sostiene che «[...] si riscrive perché non si può più scrivere» perché, *à la* Borges, non è più possibile esprimere, ma soltanto citare. Si tratta più precisamente di scrivere la lettura dei testi[17].

Nel pamphlet *L'orecchio mancante* (edito da Feltrinelli nel 1970), gli assunti: «[...] non vi darò le fonti morirete di sete», «[...] continuo a citare senza fonte. Così potreste morire di sete! Non voglio darvi che virgolette, così: " " " " " " " " " " " " [...]»[18] si correlano all'asserzione: «la filologia porta al peggio» - citazione da *La lezione* di Eugène Ionesco (1951) - non tanto per segnalare il rischio di misinterpretazioni (l'erroneo) o di sovrainterpretazioni (la falsa pista), quanto per sottolineare l'inutilità della filologia; filologia che per lui è polemicamente e propriamente «filologia dell'effimero».

Carmelo Bene lavora sulle relazioni tra scrittura letteraria e (di)scrittura scenica, sulla trasformazione di testi ("letterari/ drammatici") in altri testi (o "messe in scena") e tuttavia non si pone né un tema di semiotica del teatro, né un problema di teoria del teatro. Del resto «[...] anche se non [ha] potuto vedere e sentire cosa hanno fatto Artaud e Mejerchol'd»[19] nondimeno la sua ricerca poggia sui loro scritti teorici, ma tende alla loro rielaborazione attraverso una nuova pratica.

Piuttosto qui diviene manifesta la vanità dell'esercizio filologico[20] sulle sue opere se nel riconoscimento dell'eterogeneità delle fonti si evidenziano soltanto i testi di appoggio senza rilevare attraverso di essi il *modus* che Carmelo Bene ha di compulsare e di frequentare la "testualità": un *modus* che la incendia, confonde, metabolizza e la trasforma in materiale compositivo altro. Le fonti non sono residue, in molti sensi. Soprattutto se si tratta di immagini.

Una volta di più, come suggerisce Deleuze, «prima di credere d'aver capito ciò che dice Carmelo Bene» è necessario analizzare, anche contro le sue intenzioni, la sua capacità di lavorare le fonti al loro interno[22] nel leggerle e nel riscriverle.

Ad esempio, come si dirà [cfr., pp. 117-118], nella versione filmica di *Nostra Signora dei Turchi* ciò che nell'immagine si manifesta, ciò da cui l'immagine deriva sul piano metodologico, è il principio di ripresa di altre immagini che la configurano stratigraficamente. Non è un'immagine di altre immagini (fatte salve le citazioni). È un'immagine che si configura attraverso immagini *altre* e peculiarissime. Non senza che Bene introduca in esse (in modo idiosincratico e criptico) differenze critiche travestendole, allegorizzandole, parodiandole, frammentandole simbolicamente, per strati e ispessimenti, sino a deformare/formare la nuova immagine. La deformazione delle fonti visive e non visive traccia un'operazione morfologica e trasformativa.

Da un lato, rispetto alle fonti interne alle opere beniane, si tratta dunque di analizzare non tanto quelle esplicite o citate, quanto di riconoscere quelle da disimplicare, dall'altro lato si tratta di indagare le fonti esterne "paraoperali/paratestuali" da ricostruire e contestualizzare. Fonti che nel complesso registrano fenomenologicamente un agire e un reagire radicalmente individualisti, una modalità polemologica, un prendere posizione irriducibile al sentire comune, agli orientamenti culturali e alle pressioni sociali pre e post Sessantotto all'incrocio dei mondi del teatro, del cinema e dell'arte. L'ipotesi di fondo è che la posta in gioco non si dia solo attraverso le operazioni critiche e trasformative, esplicite o implicite, intervenute sulle fonti (letterarie, musicali, artistiche, cinematografiche ecc.), ma anche, anzi soprattutto, attraverso le operazioni decostruttive orientate a certi testi che introducono ai linguaggi, come quello dell'arte, entro i quali si esperisce il mondo. Bene non ha fatto che decostruire, leggere e riscrivere "testi" incessantemente, cercando di disarticolarne, come evidenzia Gilles Deleuze[23], la presa "autoritaria" della quale sono sempre portatori.

Tentare di isolare e di estrarre alcuni passaggi decostruttivi sul piano delle fonti visive da un lato può portare a disimplicare aspetti della pratica di Carmelo Bene che, nell'asse temporale degli anni Sessanta, sembrano avere una singolare relazione con certa arte contemporanea a carattere performativo e che paiono manifestare, rispetto ad essa, una presa di posizione critica, ancorché indiretta, nel desedimentarne i significati e le azioni, ma dall'altro lato spinge a constatare come influenze, discendenze e ascendenze si aggroviglino in un viluppo di futuri anticipati e di passati reinventati, riaperti entro la dimensione del «non-sincrono».

La ricostruzione della pratica beniana degli anni Sessanta investe dunque per molte vie il problema delle fonti, concerne il loro statuto e il loro scrutinio critico (sul piano degli strumenti e dei metodi) in quanto campo di indagine documentale. Ma in loro assenza, cosa accade quando sono le opere stesse ad assumere un valore documentale? Che cosa avviene o, più precisamente, interviene quando le opere non solo implicano delle fonti, ma anche simultaneamente fungono *da* fonti (storiche), da documenti interrogabili e ricostruibili solo per tracce, sintomi e indizi?

Nella ricerca di Bene, infatti, le opere sono tracce documentali di un processo generativo che metabolizza i testi (teologici, filosofici, letterari, teatrali, pittorici, filmici ecc.) incontrati - trovati o ricercati che siano - posti alla loro base e poi, forse, obliati e, ancora, in altro tempo-luogo rimemorati. Ciò accade senza che vi siano delle "prove", ma solo degli "indizi". Nondimeno, quand'anche le prove emergessero attraverso il ritrovamento di fonti e materiali documentari, resterebbe aperta la questione dell'interpretazione in rapporto alla "leggibilità" e alla "visibilità" delle relazioni transtestuali che le opere attivano. Queste ultime, nel periodo in esame, hanno un carattere saggistico e autobiografico dove tutto - il vero, il falso, l'immaginato - è investito da un pensiero inventivo. Inoltre, in questa fase, si tratta per Bene di lavorare, in rapporto all'"opera" e al suo "testo", sullo scarto differenziale tra intento ed esito.

Da sempre, Bene lascia le sue opere alla loro propria vita. Soprattutto nella prima fase della sua attività, gli sono fin troppo chiare le implicazioni della "morte dell'autore". Ad esempio, nel corso di un'intervista (dicembre del 1969) egli evidenzia la questione della "morte dell'autore" trattata nella versione filmica di *Nostra Signora dei Turchi*; questione che Michel Foucault[25] aveva posto a tema nella conferenza "Qu'est-ce-qu'un auteur?"[26] (tenuta a febbraio e pubblicata nel luglio-settembre del 1969). Nella traduzione italiana, il testo della conferenza è stato incluso nel volume *Scritti letterari* (1971) che, nell'edizione del 1984, concorre a comporre la biblioteca di Bene raccolta nell'archivio de L'Immemoriale. Il volume, tuttavia, presenta sottolineature ad altro testo, ossia a "La pensée du dehors" apparso in *Critique* nel giugno del 1966.

Questa annotazione intende evidenziare in quale modo, rispetto alla pratica beniana degli anni Sessanta, emergano gli "anacronismi" della biblioteca dell'Immemoriale. La data di edizione di certi libri-chiave qui riuniti evidenzia un ordine temporale disarticolato da letture ora analettiche ora prolettiche. L'*Ulisse* (1922) di James Joyce, ad esempio, testo che attiva e rende possibile (non induce) una radicale trasformazione culturale nella vita di Bene, la cui lettura (nella traduzione italiana di Giulio de Angelis)[27] risale alla fine anni degli anni Cinquanta[28], è raccolto nell'archivio-biblioteca de L'Immemoriale nell'edizione del 1982 che riporta note e molte sottolineature. Rispetto all'"archivio" si ripresenta qui, a un altro livello, il problema della ricomposizione delle fonti disperse e/o ritrovate nella dimensione dell'eterocronia.

In molti modi, ciò che è stato o che sarà stato "visto" e "letto" da Carmelo Bene in un dato momento, resta inattingibile non solo perché non ne rimangono tracce materiali o memorie, ma

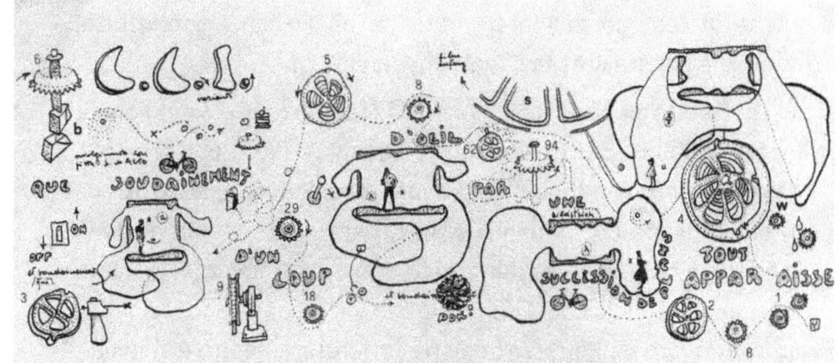

Taylor Mead, Galleria La Tartaruga, 17 gennaio 1965
Foto: Plinio De Martiis

anche in ragione dell'interpretabilità anche, anzi soprattutto, quando è l'opera stessa a farsi documento di sé.

La posta in gioco sembra essere non tanto lo statuto ontologico incerto della prova indiziaria, quanto l'interpretazione[29], l'esercizio ermeneutico, l'analisi del processo di decostruzione in cui consiste l'*opus* beniano. In tal senso, la ricerca di Bene raggiunge la propria soglia critica non con l'intento di rendere inaccessibile, ma con l'impossibilità di rendere accessibile il proprio lavoro nell'intersezione tra letteratura, teatro e cinema.

Eppure, di contro alla rarefazione delle fonti documentali sul suo lavoro durante gli anni Sessanta, è nelle scansioni di quel decennio che la sua metodologia operazionale si mette a fuoco. Si incontra qui l'inevitabile necessità di avviare una riflessione - appuntata in queste note di lavoro - sulla dimensione metodologica dell'opera beniana in ordine al processo di configurazione dell'immagine che a quelle date sembra attestarsi in chiave antropologica[30] e confrontarsi/scontrarsi criticamente con le pratiche degli artisti visivi e dei filmmaker. L'obiettivo è di investigarne le pertinenze.

L'ipotesi di lavoro è che Carmelo Bene si confronti in modo indiretto con le pratiche artistiche coeve a carattere performativo e che la sua stessa pratica sia a esse tangente.

In tal senso, il ritornare a un periodo della sua ricerca che sembra investita da una volontaria, non accidentale, cancellazione piuttosto che da una profonda dimenticanza è motivato dall'attenzione critica rivolta da Bene a certa arte e a certo cinema e che, nel corso degli anni Sessanta, è sotterraneamente attiva e che a tratti emerge in certi passaggi compositivi della sua opera teatrale e filmica.

Ancorché per tracce e indizi, lo studio delle varianti di *Nostra Signora dei Turchi* (1966-1973) evidenzia come, attraverso il processo decostruttivo che Bene mette in atto nella sua pratica letteraria, teatrale e cinematografica, egli si riveli in connessione - per coincidenze o casuali corrispondenze (?) - con quanto stava accadendo nel campo dell'arte contemporanea. In quel momento, nelle arti visuali italiane, inizia a manifestarsi un'attitudine performativa o comportamentale che, diversamente da quanto accade in Nord America, *non radicalizza*, con rare eccezioni, la corporeità/corporalità e non indaga la soggettività "incorporata" in termini sessuali, di genere, razziali e sociali, ma semplicemente la fa emergere senza criticarla.

L'attitudine generale che segna il fare artistico di quel periodo è orientata - da curatori, critici e teorici - a mettere in campo discorsi che comprendano e rielaborino l'esposizione/ostensione di corpi, azioni e comportamenti alla stregua di materie, oggetti (come, ad esempio, in *Senza titolo o Motivo africano*, 1970, di Jannis Kounellis e in *Seconda soluzione di immortalità (l'universo è immobile)*, 1972, Gino De Dominicis) e animali (in *Dodici cavalli* di Kounellis, 1966, e *Pappagallo*, 1967).

Nel teatro e nel cinema di Bene il corpo è luogo di dispersione identitaria. Nei primissimi anni Sessanta egli lavora sulla relazione tra comportamento quotidiano teatralizzato e comportamento rituale o ritualizzato.

Più in generale, in Europa e in Nord America, in quel contesto culturale, la corporeità si rivela quale punto di tangenza tra le arti visive, il teatro, il cinema e le prime sperimentazioni videografiche. Il corpo è figura propria di certo cinema indipendente e underground del periodo. Non è dato sapere quali film Bene abbia visto né in che modo abbia conosciuto il cinema indipendente e underground nordamericano. Come è noto, nel 1961, al Festival dei Due Mondi di Spoleto[31] (15 giugno - 16 luglio) David Stone presenta un programma dedicato all'underground[32] avviando così la disseminazione in Italia di quella cinematografia. Bene sembra frequentare contesti cinematografici; lo si evince finanche da un banale indizio: la carta intestata di una lettera, indirizzata a Giuliana Rossi (sua prima moglie), che riporta la dicitura "Federazione Italiana dei Circoli di Cinema IX Congresso Nazionale Porretta Terme - Bologna 1, 2, 3 giugno 1961"[33].

Ma al di là della diffusione più o meno istituzionalizzata, i film in formato ridotto del cinema indipendente e underground erano gestiti direttamente dai filmmaker e venivano proiettati fuori dalla sala cinematografica, in vari contesti e situazioni (gallerie, librerie, università ecc.) e in case private. Contrariamente, non senza *vis* polemica, in modo programmatico ancorché con esito catastrofico, Bene destina i propri film (lungometraggi) solo alla sala cinematografica.

Adams Sitney, su mandato di Jonas Mekas, trasportò in una valigia un *corpus* del New American Cinema in Italia[34] e in Europa. Nel 1965 giunse a Roma Taylor Mead per presentare alla galleria La Tartaruga *The Queen of Sheba meets the Atom Man* (in 16mm, versione incompiuta del 1963) di Ron Rice[35]. Alberto Grifi in un'intervista ricorda che, assieme a Giuseppe Lenti, incontrava i primi filmmaker nordamericani che a Roma, nelle gallerie d'arte, portavano «a far vedere i loro film da New York» e rammenta, inoltre, di aver accompagnato Mead «che girava sempre con le pizze di *The Queen of Sheba meets the Atom Man* sotto il braccio» . Il film fu proiettato in vari luoghi privati e pubblici, tra i quali la sede romana della galleria londinese Marlborough[37] diretta da Carla Panicali, persona che Carmelo Bene frequentava.

In *The Queen of Sheba meets the Atom Man*, la presenza performativa di Mead si manifesta nelle azioni tanto semplici quanto paradossali o, meglio, parodistiche (spesso mancate nei gesti sincopati e senza presa) di un fragile corpo attoriale "isterico". Aspetto, questo, che avrebbe potuto interessare Bene, ma nell'accezione deleuziana (a venire) riferita alla pittura di Francis Bacon: «[...] l'isterico è colui che impone la propria presenza e che, insieme, vede presenti, troppo presenti, esseri e cose, assegnando e comunicando a ciascuno di essi questo eccesso di presenza»[38].

Solo più tardi, con l'edizione del pamphlet *L'orecchio mancante*, nel 1970, viene in chiaro che Carmelo Bene conosceva il cinema e i testi teorici di Stan Brakhage, ma il libro *Metafore della visione* (edizione Feltrinelli, 1970)[39] custodito nella biblioteca de L'Immemoriale non ha sottolineature; Bene, però, in prima pagina ha apposto questa breve nota: «Aleo Stan in Super8». Nel pamphlet, marcando in modo ossessivo e provocatorio la propria distanza dal cinema, Bene scrive in modo imperativo «Giunta, te stesso non la tua trasparenza!», interpellando Brakhage[40].

Carmelo Bene avrebbe potuto intercettare queste e altre proiezioni. Mario Schifano, del resto, esplicita la consuetudine di mostrare i film in situazioni private[41]. Nel corso di un'intervista in cui si riferisce ai propri cortometraggi e all'utilizzo che, in quel frangente, egli faceva del mezzo cinematografico mosso «dall'idea che il cinema potesse dire qualcosa di più della pittura», Schifano sostiene: «Quando dicevo: "La pittura è finita", era un tentativo di mettersi in crisi, non una vanità, un tentativo di dire che bisognava riscoprire tutto e ricominciare, una sorta di azzeramento. E con il cinema ho tentato lo stesso tipo di operazione dei miei esordi con i monocromi, una ricerca piana, piatta [...], lo stesso tipo di operazione che poi ho tentato con la fotografia. [...] non erano film di pittore, erano un'altra cosa, come dei poemetti, con una sensibilità diversa, più cinematografica [...]. A Carmelo [Bene] li ho fatti vedere, ma non gliene fregava niente, non gliene frega niente di quello che non fa lui» .

Non si tratta tanto dell'apparente indifferenza al lavoro degli altri, quanto del fatto che, per Carmelo Bene, l'immagine è un problema. Anche Claudio Abate sottolinea come Bene predisponesse la documentazione fotografica dei suoi lavori e di come poi se ne disinteressasse, non la guardasse nemmeno.

Per Bene, in quel momento, l'interesse verso il cinema è motivato dall'urgenza di cambiare registro (necessità di finanziamenti, dissidenza o impossibilità, in quella fase, di continuare con il teatro ecc.); urgenza sollecitata dalle potenzialità tecnologiche del medium e dall'interesse che lo porta a studiare il fenomeno della performatività (intermodale) attraverso le trasformazioni interlinguistiche che si attivano nella mutazione delle forme letterarie, teatrali e cinematografiche. In quella fase, nel suo lavoro, come si dirà, egli si confronta non solo con il processo di inscrizione dell'immagine in forma cinematografica, ma anche con la modalità generativa dell'immagine filmica, ossia con la captazione di ciò attraverso cui si produce: il corpo, l'atto performativo.

Questo *excursus* evenemenziale non è che una possibile traccia per la ricostruzione della rete di relazioni nella quale le culture del cinema indipendente, delle arti visive e performative entravano in contatto. Non è possibile restituire i discorsi, le dinamiche della internazionalizzazione in chiave nordamericana, gli effetti dialettici, il complesso intreccio di trasformazioni che riguardano le culture e le sensibilità di allora; si può solo evidenziare, ancorché in modo frammentario e parziale, i contesti, le situazioni e la fenomenologia dei modi attraverso i quali pratiche differenti procedevano secondo percorsi paralleli o intersecanti, in un incessante avvicendarsi di eventi e interazioni. Si produssero s-confinamenti dai territori disciplinari del teatro, dell'arte e del cinema che da un lato trasformarono quegli stessi ambiti e che dall'altro definirono una zona intermedia di interferenza o di interscambio tra linguaggi, tecniche esecutive, spazi operativi, modi percettivi, azioni, comportamenti, happening, environment, performance il cui "esploso" è osservabile nel periodo che va dal 1966 al 1969.

Prima del 1967 - anno in cui a Roma si costituisce la Cooperativa del Cinema Indipendente Italiano[43] e il cine-club Filmstudio '70[44] avvia la propria attività culturale di disseminazione del cinema indipendente, underground e d'artista non solo italiano - sono le gallerie d'arte contemporanea La Tartaruga (diretta da Plinio De

Martiis e Ninnì Pirandello) e L'Attico (diretta Fabio Sargentini) a presentare in diverse situazioni espositive opere filmiche in modalità installativa e performativa (come più tardi faranno le gallerie de L'Obelisco e La Salita). Le gallerie, dunque, fungono da luoghi polarizzanti le ricerche multidisciplinari in corso tra arte, cinema, musica, teatro e danza e lì, attraverso una pluralità di discorsi e di differenze, si intrecciano incontri, si intessono frequentazioni, anche amicali, si scambiano esperienze e conoscenze, si rendono possibili temporanee corrispondenze d'intenti e, su questa base, si attivano collaborazioni. In assenza di una strategia di ricerca condivisa, si intersecano diverse motivazioni, anche tra loro contradditore, il cui minimo comune denominatore è la fuoriuscita da ambiti disciplinari specifici o, più precisamente, da tradizioni, norme e canoni.

Dal 1961 al 1967 la ricerca di Carmelo Bene transita attraverso le molteplici reti relazionali attive nella capitale (e non solo). Bene conosce Alberto Grifi e Paolo Brunatto. Condivide dei progetti con Giuseppe Lenti, Salvatore Siniscalchi, Mario Masini e, più tardi, con Franco Brocani e Glauber Rocha. Collabora con Pier Paolo Pasolini. All'apparenza riserva un'attenzione distratta all'arte contemporanea, ma conosce il lavoro di Pino Pascali[45], collabora con Gino Marotta e Mario Schifano. Ha una cultura musicale operistica e progetta e realizza opere con Sylvano Bussotti[46], Vittorio Gelmetti e Luciano Berio[47]. Cerca di avviare una collaborazione con Pierre Boulez attraverso Bussotti il quale, però, lascia cadere l'intento[48]. Sarà proprio Bussotti a presentargli Aldo Braibanti[49], incontro fortemente cercato, come Carmelo Bene sottolinea nella sua autobiografia: «mi insegnò [...] a leggere i versi, come marcare tutto, come battere ogni cosa. Gli devo questo, tra l'altro. Non è poco. Progettavamo insieme come demolire la convenzione teatrale e letteraria italiana». La sperimentazione del metodo teatrale di Braibanti è stata captata ed espansa cinematograficamente da Grifi in *Transfert per kamera verso Virulentia* (1966-1967, 35mm, col. 20') che vide la partecipazione di Mario Masini (operatore), Vittorio Gelmetti (musica) e Patrizia Vicinelli (voce).

Anche Sylvano Bussotti ha utilizzato il mezzo cinematografico in modo complesso, realizzando (con la collaborazione di Alfredo Leonardi e Mario Masini) *Rara film* (1967-1970)[51] la cui proiezione è divenuta in seguito una componente di molteplici performance concertistiche.

Forse, sempre grazie a Bussotti, Bene avrebbe potuto conoscere Fluxus, snodo cruciale di pratiche artistiche e culturali in cui ha trovato ridefinizione la disgregazione progressiva del paradigma modernista in ordine alla specificità delle arti e alla loro "partizione" disciplinare.

1. L'Immemoriale è il nome della Fondazione istituita con il testamento di Carmelo Bene (Campi Salentina 1937 - Roma 2002) e anche il nome del suo "archivio" che è stato ospitato presso la Casa dei Teatri Villino Corsini di Villa Doria Pamphilj di Roma sino al 2017, per essere poi trasferito in Puglia, dove si trova il fondo della biblioteca della casa otrantina di Bene conservato presso il monastero di San Giovanni Evangelista delle Benedettine di Lecce.

2. Jacques Derrida, *Mal d'archivio. Un'impressione freudiana* (1995), Filema, Napoli 2005, pp. 11-13.

3. Paul Ricoeur, *Ricordare, dimenticare, perdonare. L'enigma del passato* (1998), Il Mulino, Bologna 2004, pp. 110-101.

4. Jacques Derrida, *Mal d'archivio,* cit., p. 22.

5. L'altra parte (circa un terzo) della biblioteca di Carmelo Bene è custodita dal 2004 a Lecce (Museo Castromediano) assieme ai costumi di scena e alle scenografie.

6. La cancellazione/rimozione e la dispersione dei documenti non sono motivati dunque dall'instabilità e dal nomadismo di Bene (prima di stabilirsi nella sua casa di sempre, in via Aventina, abiterà in via Gallia Ruggieri, in via Belsini, in via Marche, in via Angelo Brunetti, vicino a Piazza del Popolo, in via di Montoro a casa di Tonino Caputo), ma da motivi che discendono dalla forte precarietà economica a cui Bene deve far fronte nel periodo che va dal 1958 al 1964.

7. Giuliana Rossi, *I miei anni con Carmelo Bene*, Edizioni della Meridiana, Firenze 2005; Salvatore Vendittelli, *Carmelo Bene tra teatro e spettacolo* (a cura di), Armando Petrini, Accademia University Press, Torino 2015; Tonino Caputo, "Le pitture di scena", in Rino Maenza (a cura di), *Il sommo Bene*, Kurumuny, Calimera (Lecce) 2019, pp. 289-293.

8. Cfr. Giorgio Agamben, *Nudità*, Nottempo, Roma 2009, p. 20, pp. 30-31.

9. Mario Masini "Intervista", in Fulvio Baglivi e Maria Coletti (a cura di), *Il cinema, oppure no*, Centro Sperimentale di Cinematografia - Cineteca Nazionale, Roma 2012.

10. Gilles Deleuze, *L'immagine-tempo* (1985), Ubulibri, Milano 1989, pp. 211-212.

11. Carmelo Bene, *L'orecchio mancante*, Feltrinelli, Milano 1970, p. 62.

12. Ne *L'orecchio mancante* Carmelo Bene scrive: «[...] Menard (forse senza volerlo) ha arricchito mediante una tecnica nuova l'arte incerta e rudimentale della lettura: la tecnica dell'anacronismo deliberato e delle attribuzioni erronee. Questa tecnica, di applicazione infinita, ci invita a scorrere l'*Odissea* come fosse posteriore all'*Eneide*»; Carmelo Bene, *L'orecchio mancante*, cit., p. 157.

13. Roland Barthes, "Dall'opera al testo" (1971), in *Il brusio della lingua. Saggi critici IV*, Einaudi, Torino 1988, pp. 57-64.

14. Gérard Genette, *L'opera dell'arte. I. Immanenza e trascendenza* (1994), CLUEB, Bologna 1999, p. 268.

15. Jacques Derrida, "A proposito della scrittura. Jacques Derrida e Peter Eisenman", in Jacques Derrida, *Adesso l'architettura*, Libri Scheiwiller, Milano 2008, p. 238.

16. Gérad Genette, *Palinsesti. La letteratura al secondo grado* (1982), Einaudi, Torino 1997.

17. Roland Barthes, "Dall'opera al testo", cit.

18. Carmelo Bene, *L'orecchio mancante*, cit., pp. 40-41.

19. Carmelo Bene, "Niente scuole" in *Sipario* n. 405, anno XXXV, 1980, p. 55.

20. Peraltro impossibilitato anche dal fatto che sino al 2017 i fondi (librario, fotografico, videografico, sonoro/musicale) non erano ancora stati catalogati.

21. Gilles Deleuze, "Un manifesto di meno", in Carmelo Bene, Gilles Deleuze, *Sovrapposizioni*, Feltrinelli, Milano 1978, p. 90.

22. Michel Foucault, *L'archeologia del sapere. Una metodologia per la storia della cultura* (1969), Rizzoli, Milano 1999, pp. 5-13.

23. Carmelo Bene, Gilles Deleuze, *Sovrapposizioni*, cit.

24. Hal Foster, "Cos'è successo al postmoderno", in Id., *Il ritorno del reale. L'avanguardia alla fine del Novecento* (1996), Postmedia Books, Milano 2006, p. 213.

25. Sostiene Foucault: «[...] Ma c'è dell'altro: questo rapporto della scrittura con la morte si manifesta anche nell'eclissarsi dei caratteri individuali del soggetto scrivente; attraverso i litigi che egli stabilisce fra se stesso e chi scrive, il soggetto scrivente mette in rotta tutti i segni della sua particolare individualità; la traccia dello scrittore sta solo nella singolarità della sua assenza; a lui spetta il ruolo del morto nel gioco della scrittura. Tutto questo è noto; da tempo ormai la critica e la filosofia hanno preso atto di questa scomparsa o di questa morte dell'autore». Il tema è non il posto vuoto occupabile variabilmente dalla «funzione-autore», bensì il manifestarsi del posto vuoto della «funzione-soggetto» e della soggettività «come funzione variabile e complessa del discorso». Michel Foucault, "Che cos'è un autore?" (1969), in Id., *Scritti letterari*, Feltrinelli, Milano 1994, p. 4, p. 20, p. 21.

Cfr. Roland Barthes, "La morte dell'autore?" (1970), in Id., *Il brusio della lingua*, cit.

26. La conferenza si è tenuta presso il Collège de France il 22 febbraio 1969, editata in *Bulletin de la Societé française de Philosophie* nel luglio-settembre 1969.

27. James Joyce, *Ulisse*, trad. it. Giulio de Angelis, 1ª ed. Mondadori, Milano 1960. Cfr. Giuliana Rossi, *I miei anni con Carmelo Bene*, cit., p. 29; Carmelo Bene, Giancarlo Dotto, *Vita di Carmelo Bene*, cit., pp. 104- 113. Nel 1960 Bene incide per la casa discografica La Voce del Padrone, (Milano) un brano tratto dall'*Ulisse* ("La Spiaggia"), ma non dà l'assenso per l'edizione.

28. https://www.youtube.com/watch?v=1VGzaPgRpXg [ultimo accesso: 14 aprile 2020].

29. Umberto Eco, *I limiti dell'interpretazione*, Bompiani, Milano 1990.

30. Hans Belting, *Antropologia delle immagini* (2002), Carocci, Roma 2011.

31. Il Festival, dedicato al teatro alla musica e alla danza, dal 1962 comprende una sezione cinema che include film sperimentali. Giancarlo Menotti vede la prima edizione di *Pinocchio* da Collodi (Teatro Laboratorio, 1961) e invita Bene al Festival dei Due Mondi a Spoleto. Cfr. Giuliana Rossi, *I miei anni con Carmelo Bene*, cit., p. 47.

32. Il programma, che comprendeva, tra gli altri, film di Jerome Hill, Jonas Mekas, Dan Drasin, Ron Rise, James Broughton, Stan Brakhage, Robert Breer, Gregory Markopoulos, Stan Vanderbeek, Lionel Rogosin, è riproposto da P. Adams Sitney nel giugno-luglio 1964 alla terza Mostra Internazionale del Cinema Libero di Porretta Terme. Nel 1966, alla quarta edizione del Cinema Libero di Porretta Terme, viene organizzata un'altra rassegna e, nello stesso anno, nell'ambito del Festival dei Due Mondi, vengono proposte delle proiezioni di film sperimentali. Nel 1967, alla Terza Mostra Internazionale del Nuovo Cinema di Pesaro, è introdotta da Jonas Mekas una rassegna sul New American Cinema e il Filmstudio '70 presenta il New American Cinema nell'ottobre 1969. Cfr. Alfredo Leonardi, "Il cinema libero di Porretta Terme", in *Il Marcatré*, n. 8-10, 1967, pp. 168-170; Alfredo Leonardi, "Sperimentale a Spoleto", in *Filmcritica*, n. 168, luglio 1966, pp. 364-366; Paolo Castaldini, "L'antologia di Porretta", in *Filmcritica,* n. 168, luglio 1966, pp. 366-368.

33. Giuliana Rossi, *I miei anni con Carmelo Bene*, cit.

34. Nel 1960 Jonas Mekas e Lewis Allen (produttore cinematografico e teatrale) elaborano il manifesto del New American Cinema e nel 1962 Jonas Mekas fonda la *Film-makers Cooperative*.

35. Oltre a *The Queen of Sheba meets the Atom Man* fu proiettata anche la prima compilazione di (*My*) *Home Movies* (1964, 16mm), come si evince dalle recensioni. Cfr. Enzo Erra, "L'avanguardia bruciata*"*, in *Vita*, 28 aprile 1965, pp. 27-30; Luigi Locatelli, "Con l'arrivo di Taylor Mead da New York, i cinematografari 'pop' hanno ripreso fiato", *Il Giorno*, 28 gennaio 1965; Alberto Moravia, "Un film beat. Eroina a colazione", *L'Espresso*, 7 febbraio 1965; Galleria La Tartaruga "Catalogo 2", febbraio 1965. Cfr. Ilaria Bernardi, *La Tartaruga. Storia di una galleria*, Postmedia Books, Milano 2018; Elisa Francesconi, *Franco Angeli e Tano Festa pittori con la macchina da presa*, Postmedia Books, Milano 2018. https://film-makerscoop.com/catalogue/taylor-mead-my-home-movies [ultimo accesso: 12 dicembre 2019].

36. *Alberto Grifi, cineasta-inventore*, intervista di Monica Dall'Asta, in Giacomo Manzoli, Guglielmo Pescatore (a cura di), *L'arte del risparmio: stile e tecnologia. Il cinema a basso costo in Italia negli anni Sessanta*, Carocci, Roma 2005, p. 157.

37. Carla Panicali nel 1963 dirigeva a Roma la Marlborough Gallery insieme a Bruno Herlitzska. Enzo Erra, "L'avanguardia bruciata", cit., p. 113.

38. Gilles Deleuze, *Francis Bacon, Logica del senso* (1981), Quodlibet, Macerata 1995, p. 110.

39. "Lettera sulle giunte a Gregory J. Markopoulos" di Brakhage viene pubblicata in *Film Culture*, n. 35, inverno 1964-65 e parzialmente tradotta ed editata da *Filmcritica*, n. 176, aprile 1967.

40. Carmelo Bene, *L'orecchio mancante*, cit., p. 58.

41. Il film *Kappa* girato da Nato Frascà nel 1964-1965 è stato circuitato attraverso proiezioni private prima di essere presentato al Festival dei Due Mondi di Spoleto e alla Sezione Film di artisti alla VI Biennale Internazionale d'arte di San Marino.

42. Franca Faldini e Goffredo Fofi (a cura di), *Il cinema italiano d'oggi, 1970-1984, raccontato dai suoi protagonisti*, Mondadori, Milano 1984, p. 381.

43. Il modello cooperativo è mutuato dal Nord America, ma attualizzato nelle forme legislative nazionali. In Italia, infatti, dopo la promulgazione della Legge sul cinema 1213 del 4 novembre 1965, approvata nel corso del secondo governo Moro (che prevedeva incentivi alla produzione, premi di qualità, contributi su interessi bancari e finanziamenti del fondo particolare di cui all'art. 28 per produzioni con «finalità artistiche e culturali»), si costituirono cooperative di cinema sul modello della *Film-makers' Cooperative* costituita nel 1962 da Jonas Mekas. Questi, nel 1960 (insieme a Lewis Allen) aveva elaborato il manifesto del *New American Cinema*. L'esperienza italiana più importante è quella della Cooperativa di produzione e lavoro Cinema Indipendente avviata a Napoli nel maggio 1967, la cui fondazione è contestuale alle prime rassegne in Italia sul *New American Cinema* (Festival di Torino dal 13 al 21 maggio 1967; Terza Mostra Internazionale del Nuovo Cinema di Pesaro dal 27 maggio al 4 giugno), del quale Alfredo Leonardi era un attento cultore (cfr. Alfredo Leonardi, *Il New American Cinema*, Feltrinelli, Milano 1971). Si trattò di una breve esperienza cooperativistica: nel corso della metà del 1969 la Cooperativa si scioglie, rimanendo tuttavia attiva come *pointe* della cultura cinematografica underground sino al 1970-1971 (a tale mutazione corrisponde il trasferimento della sede da Napoli a Roma). Paolo Brunatto, Alberto Grifi, Mario Masini, Romano Scavolini, Mario Schifano, Franco Brocani - insieme a Luca Maria Patella, Umberto Bignardi, Franco Angeli, Tano Festa, Nato Frascà, Gianfranco Baruchello, Alfredo Leonardi, Guido Lombardi e Anna Lajolo, Massimo Bacigalupo, Giorgio Turi e Roberto Capanna - faranno parte della base romana della Cooperativa Cinema Indipendente.

44. È stato fondato da Americo Sbardella, Annabella Miscuglio e Paolo Castaldini.

45. Dal 1957 Pino Pascali condivide con Salvatore Vendittelli lo studio di via dell'Orso 23, frequentato dal 1961 anche da Carmelo Bene. Salvatore Vendittelli, *Carmelo Bene tra teatro e spettacolo*, cit., p. 7, p. 29.

46. Carmelo Bene ricorda di Sylvano Bussotti: «In comune avevamo certa smania di misurarci con i limiti del linguaggio e delle partiture. Nel frattempo, conosco e frequento anche Giampiero Taverna, poi direttore d'orchestra. Erano gli anni di Bruno Maderna a Firenze. Andavamo a sentire la sua musica ma anche le sue direzioni

orchestrali, immense. Diventammo assidui all'istituto di fonologia. Facevamo ricerche sui suoni». Carmelo Bene, Giancarlo Dotto, op. cit., p. 113.

Giuliana Rossi presenta Bene a Bussotti. Quell'incontro fiorentino, orchestrato da Bene, è così descritto da Bussotti: «Buio, umido da per tutto, tipiche magioni d'una Firenze stanca e disillusa. Lume di candele, come in un vecchio teatro. Enorme letto matrimoniale ove la trapunta copre all'inguine l'olivastra creatura di sesso maschile, un Salvador Dalì senza i baffi, col bel tubino nero sulla testa e un tamburello basco tra le gambe, alla ricerca di ritmi zoppi.

Vedo che è appena sveglio, sorseggia da un tazzone di scena tinto di rosso e vi beve, come il conte Ugolino sugge un figlio. Tragico, fragile, teso e buffo.

Carmelo Bene dalla tazza macchiata di sangue beve come a teatro, m'aspetto che sul gracile torso ignudo scendano goccioloni rossi, ma l'inganno si astiene». Sylvano Bussotti, *Una ragazza di rara bellezza*, in Giuliana Rossi, *I miei anni con Carmelo Bene*, cit., pp. 5-6.

47. Giordano Ferrari, "Carmelo Bene: fragments, dissonances et résonances avec l'avant-garde musicale italienne", in Christian Biet, Cristina De Simone (a cura di), *D'après Carmelo Bene*, *Revue d'Histoire du Théâtre*, 3, n. 236, Julliet-Septembre 2014, pp. 313-321.

48. Sylvano Bussotti, "Con me e con Carmelo", in Rino Maenza, *Il sommo Bene*, cit., p. 102.

49. Carmelo Bene, Giancarlo Dotto, *Vita di Carmelo Bene*, cit., p. 116.

50. *Ivi,* p. 116; p. 121.

51. Il film fu proiettato per la prima volta al Musée d'Art Moderne di Parigi il 22 ottobre 1970. Cfr. Sylvano Bussotti, "Rara film", in Paolo Bertetto e Ugo Nespolo (a cura di), *L'occhio dell'immaginario. Il cinema sperimentale e il cinema d'artista in Italia*, catalogo, Galleria d'Arte Moderna Torino, 22-26 maggio 1978, pp. 19-20.

Nei primissimi anni Sessanta, al Teatro Laboratorio di Roma, Bene si trova a operare secondo una metodologia segnatamente riconducibile all'happening e alla performance. Allo stato della ricerca non è ancora possibile ricostruire con precisione l'intervenire a quelle date, in Italia, delle modalità operative dell'happening e della performance nel fare artistico. È possibile solo enumerarne i casi, nella differenza delle istanze discorsive: l'happening *L'Enterrement de la Chose* di Jean Jacques Lebel (Venezia, 1960); la dimensione performativa in *Consumazione dell'arte Dinamica del pubblico. Divorare l'arte* (galleria Azimut, Milano, 1960) e in *Sculture Viventi* (Roma, 1961) di Piero Manzoni; le situazioni in cui Jannis Kounellis, nel suo atelier o in diversi spazi espositivi, attiva una dimensione "teatrale" nel far esorbitare la segnicità tra quadro/oggetto/scultura/corpo/ voce/ musica (Roma 1960)[1]; gli *score*/concerti/performance Fluxus di Giuseppe Chiari, Sylvano Bussotti, Bruno Maderna; le azioni effimere di Giuseppe Desiato (1965); l'happening *Requiescat in Pace Corradinus* (1965)[2] e la serie scultorea *Le armi* (1965) che, attraverso la mediazione fotografica (come già nel caso di Kounellis), fa emergere non solo l'operazione critica ma anche l'intento performativo di Pino Pascali. Questi ultimi casi, tuttavia, sono successivi al lavoro di Carmelo Bene al Teatro Laboratorio che termina *con* e riparte *da Cristo 63*.

Il lavoro di Carmelo Bene sulla corporeità sembra costituire una sorta di singolare antefatto all'happening e alla performance, come emerge dalla ricostruzione del *corpus* di opere-evento che hanno avuto luogo al Teatro Laboratorio tra il 1961 e il 1963. Ancor prima, dunque, che in Italia quelle forme trovassero puntuale definizione nel quadro delle teorie e nell'ambito della critica.

Dopo l'esordio attoriale con *Caligola* (regia di Alberto Ruggiero nel 1959), ripreso nel 1961, Bene lavora a tre versioni di *Spettacolo-concerto Majakovskij*: la prima con musica-*live* di Bussotti al Teatro alla Ribalta di Bologna nel 1960, la seconda e la terza rispettivamente con musiche-*live* di Amelia Rosselli e di Giuseppe Lenti al Teatro Laboratorio nel 1962. Bene riprenderà *Spettacolo-concerto Majakovskij* con Vittorio Gelmetti nel 1968 (Teatro Carmelo Bene, Roma) e successivamente lo rielaborerà nell'opera prima in video *Bene! Quattro modi di morire in versi: Majakovskij-Blok-Esènin-Pasternak* (1974)[3]. Ma già nel 1966 Bussotti e Gelmetti avevano collaborato con Bene alla "riscrittura" musicale de *Il rosa e il nero invenzione da Il Monaco di M.G. Lewis* (Teatro delle Muse, Roma).

Altri progetti realizzati in quel periodo si collocano tra le varianti di *Spettacolo-concerto Majakovskij* e la partitura audio-visiva de *Il rosa e il nero*, fra i quali, in particolare, vanno ricordati la terza e ultima "ripresa" di *Gregorio: cabaret dell'800* (*Addio porco*, Teatro Ridotto dell'Eliseo, 1961)[4] e *Cristo 63* (Teatro Laboratorio, 4 gennaio 1963)[5].

Della presentazione a Lecce, nel 1961, di *Gregorio: cabaret dell'800* il pittore Tonino Caputo (che collaborerà con Bene, in qualità di attore e scenografo, al film *Capricci*) descrive un passaggio interessante: gli attori in modo assai movimentato ripetevano un "collage" di brani poetici dell'Ottocento che «[...] proponevano dall'alto di un'altalena il cui dondolio si spingeva sino in testa al pubblico, per poi tornare indietro. Il tutto con i relativi problemi per l'incolumità degli spettatori [...]»[6].

Gregorio: cabaret dell'800 è un *mélange* di brani operistici e di poesie che interferiscono sovrapponendosi gli uni alle altre, lanciati a diverse velocità[7] e portati da gestualità e azioni che attengono decostruttivamente al re-citare, al truccarsi/struccarsi, al vestirsi/svestirsi. L'impianto scenografico è di Salvatore Vendittelli, che curerà i progetti di scenotecnica di Bene sino al 1970. Vendittelli ha dato una descrizione icastica dell'opera[8], definita come una sorta di happening, evidenziando il dinamismo ipercinetico dei corpi attoriali e l'accumulo polifonico delle voci sino all'impossibilità dell'atto di parola, alle bocche silenziate e all'afasia con cui si chiude l'intervento scenico allorché Carmelo Bene: «[...] espone [gli attori] davanti al pubblico seduti al limite del proscenio con gambe e braccia incrociate, gli apre la bocca e la tampona con uno straccio bianco. Poi si sistema anche lui nella stessa posizione con gli occhi spalancati e il tampone in bocca»; tutti gli attori «[...] rimangono immobili ancora per tre minuti d'orologio. Non hanno più niente da dire». Vendittelli sostiene di aver rivisto quella chiusa, con lo stesso finale, cinque anni più tardi in *Mysteries* del Living e ricorda: «[...] Andai a complimentarmi con la Malina, e lei trionfante mi disse: "È vero, io vidi quel lavoro al Ridotto dell'Eliseo e ne rimasi sconvolta, quell'immagine del finale era il massimo che si potesse esprimere per comunicare il mutismo, l'impossibilità di "dire"»[9].

Cristo 63 invece si chiude con una crocifissione. Su questa configurazione, che ricorrerà nelle opere di Carmelo Bene dal romanzo breve *Credito italiano V.E.R.D.I.* (1967) sino a *Salomè* (1972), si sono rintracciate due testimonianze contraddittorie. La prima attiene alla ricostruzione di Bene stesso che ricorda: «[...] me ne stavo crocifisso riverso a terra, con la testa rivolta verso il pubblico; loro (gli apostoli) che mi inchiodavano e io in balìa delle ultime parole prima di spirare sulla croce, sussurrando alle orecchie dei ladroni: "Fate il copione". Buio [...]»[10]. La seconda concerne il ricordo di Giuliana Rossi, testimone delle sole fasi di progettazione in cui era previsto che, «nell'indifferenza della gente, [Cristo/Carmelo Bene] si crocifigge[sse] da solo e che poi, avendo una mano inchiodata, non riuscisse a inchiodarsi l'altra»[11]. Ad ogni modo, l'auto-crocifissione o il tentativo di «suicidarsi in croce»[12] si confermerà quale composizione formulare nel già citato *Credito italiano V.E.R.D.I.* (1967) dove dischiude una serie di operazioni trasformative transtestuali attraverso Oscar Wilde (*Poesie in prosa*, 1894) e André Gide (*I sotterranei del Vaticano*, 1914). L'attivazione di questo modulo performativo e l'interferenza ossessiva del crocifisso e della crocifissione non hanno alcuna relazione con le immagini pittoriche delle crocifissioni di Francis Bacon e, inoltre, evidenziano una distanza critica dalle azioni rituali che a partire dal 1962 Herman Nitsch inscena attraverso performer passivamente crocifissi e inondati di sangue animale.

Tra le prime performance del Teatro Laboratorio, *Cristo 63 (Omaggio a James Joyce)*[13] presenta un *assemblage* di materiali diversi, di "oggetti poveri" posti in una dimensione scenica che restituisce allegoricamente e ironicamente quella che Bene ha definito la sua personale «Betlemme»[14]: non solo elementi plastici e figurativi ossessivi, ma anche concetti giustapposti e comportamenti innescati da un intento premeditato e violento, quali un *pissing* in direzione di alcuni spettatori, da questi però subìto come improvvisato, estemporeneo e imprevisto. In una recensione si scrive che «[...] le scene senza dubbio appartengono più alla cronaca che al teatro [e che] gli intenti hanno travisato il concetto di sperimentale»; si sottolinea di aver assistito a qualcosa che «punta a scioccare con ogni mezzo gli spettatori», a «numeri d'attrazione», a una «parossistica crocifissione», a una «stravagante sequenza naturista», ma che la scena «quando riesce a sciogliersi dai lacci della scurrilità [...] ha raggiunto nella sua istericità un clima di rarefazione e di irrealtà cara a Joyce e a Genet, come nei soliloqui dell'*Ulisse* e nel *Miracolo della rosa*»[15].

Cristo 63 (*Omaggio a James Joyce*) ha luogo il 4 gennaio 1963, non ha testo, nel senso che è un lavoro di improvvisazione senza *score*, funziona come un happening[16], è inventato e costruito performativamente. Al Teatro Laboratorio il pubblico è meno costretto alla propria condizione spettatoriale ed è esposto più del solito a vari disagi fisici oltre che percettivi. *Cristo 63* conferma la presenza di Giuseppe Lenti e segna non solo la breve collaborazione di Bene con l'artista argentino Alberto Greco, ma anche provoca l'intervento della polizia e la conseguente chiusura del Teatro proprio a causa del *pissing* in direzione della prima fila, dove sedeva l'ambasciatore argentino. Le forze dell'ordine contestano immediatamente i reati di atti osceni in luogo pubblico, turpiloquio, vilipendio, oltraggio e incidente diplomatico. Ciò dà l'avvio a un procedimento giudiziario[17] che costringe Bene alla latitanza (fa perdere le sue tracce) e destina Greco all'espulsione dall'Italia. Le reazioni a quanto accaduto non mancarono di registrarsi in termini di cronaca scandalistica. In quegli stessi anni, a Vienna, anche le sessioni riservate o solipsistiche degli azionisti in spazi privati venivano contrastate/ liquidate con modalità analoghe, ossia con l'azione giudiziaria e la cronaca scandalistica. Marta Marchetti sottolinea, riferendosi alle recensioni sullo "spettacolo" *Cristo 63* che: il «giudizio sullo scandalo appena avvenuto tradisce una politica culturale che se da una parte festeggiava la recente abolizione della censura preventiva (1962), dall'altra si organizzava per contenere l'esplosione di linguaggi che un'intera società (artistica e non) stava producendo sempre più velocemente»[18].

Fatte salve nove fotografie, tutto il materiale di documentazione di quella serata, scattato da Claudio Abate[19], fu sequestrato dalla polizia e poi distrutto.

Rispetto alla relazione arte-vita, Bene condivide con Greco l'idea che l'arte (il teatro) è, senza soluzione di continuità, parte della vita e si fa ovunque, con tutto l'imprevisto di cui il reale è capace. Analizzando i materiali paratestuali, emerge l'intento profanatorio di quella messa in situazione in cui precipitano fatti di arte-vita (arrivo delle forze dell'ordine incluso). Come si evince da una delle locandine, *Cristo 63* non solo è presentato come «spettacolo Arte-Vivo-Dito»[20], ma anche come «omaggio a James Joyce». Probabilmente si è in presenza della prima esplicitazione fenomenologica di una metodologia operativa, ossia di un primo effetto elaborativo (piuttosto che applicativo) della lettura dell'*Ulisse* da parte di Bene. Come rileva Marta Marchetti, le recensioni di *Cristo 63* attestano la lettura della terza parte dell'*Ulisse* e la presenza del romanzo come materiale scenico. In una ricostruzione puntuale delle implicazioni dell'happening con l'*Ulisse*, a partire dal procedimento allegorico che investe gli oggetti testimoniato dal materiale iconografico, la studiosa rileva che le nove foto "sopravvissute", scattate da Claudio Abate,

[...] restituiscono la forma spaziale di quel *Cristo '63* dove a esplodere è innanzitutto l'elemento materiale nell'accumulo di oggetti esposti in scena: un fiasco di vino, una zuppiera, un bicchiere, un piatto, un cappello, una sedia, un pianoforte, un libro, un tavolo, una croce, cartelli che indicano i luoghi deputati (Betlemme e Nazareth), stoffe, maschere di cartone (un bue e un asinello) e paglia sotto un tavolo. Ciò però non spiega l'allegoria, nel senso che tutti questi materiali non avevano un'ascendenza concettuale di riferimento (come per esempio il feltro e il grasso nelle teorie di Beuys). Sulla scena del teatro laboratorio anche l'urina rimase solo urina (anche se in altre occasioni Greco l'aveva usata per dipingere) fino al momento in cui i flash della macchina fotografica di Abate non innescarono nello spettatore in sala la percezione fulminea di una temporalità interrotta, bloccata sull'evento presente e nello stesso tempo garante di una vita futura. L'allegoria funzionava, come nella passeggiata di Stephen, solo quando si stabiliva un collegamento tra gesto e immagine capace di far progredire, insieme alla ricerca di un nuovo linguaggio, anche la sua stessa leggibilità. In questo senso la presenza del fotografo in scena garantiva il carattere evenemenziale di *Cristo 63* in modo che, ancor prima che i giornalisti ne denunciassero l'inganno [la presenza del fotografo è indicata dai giornalisti come prevista dal testo][21], lo spettacolo fosse già un fatto sociale. Se le fotografie della serata servirono all'epoca solo a far scagionare Bene dall'accusa di oltraggio al pudore, oggi sono quei documenti (o le rovine come direbbe Benjamin) che, al di là dell'immagine scenica, rimandano alla lettura plurivoca invocata dall'happening messo in scena quella sera[22].

In merito alla ricostruzione scenica di *Cristo 63*, come si è anticipato, le memorie dei testimoni sono lacunose e divergenti[23]. Del progetto è interessante rilevare il meccanismo processuale dato dal differimento di qualsiasi messa in testo in cui sembra consistere l'happening, come emerge anche da quanto scrive Alberto Greco nel suo *Manifiesto-Rollo*. Marta Marchetti scorrendo il *Manifiesto-Rollo* sottolinea: «[...] si ha la sensazione che il *leitmotiv* nella progettazione della serata fosse la preparazione di un testo, una specie di ossessione di Bene, quotidianamente e ritualmente ripetuta come gesto irrealizzabile». Greco ricorda: «Carmelo ci gridava: porca miseria! Domani venite presto al teatro/Che dobbiamo preparare il testo. Però il giorno dopo succedeva lo stesso del giorno prima. [...]/ Dobbiamo scrivere il testo (così fino alla prima). Quello che non sapevamo era che il testo non si doveva scrivere, né pensare, e [che] non lo avremmo scritto, mai [...]»[24]. L'innesco dell'happening era già stato preparato e sembra reggersi su un graduale addomesticamento culturale reciproco (tra gli attori e gli spettatori) in atto dall'apertura del Teatro Laboratorio sino a quel momento. Gli spettatori/le spettatrici venivano fatti attendere per ore, venivano truccati «[...] con segnacci rossi, gialli e neri. [...] Si lasciavano fare. Docili»[25]. Bene interviene sulla aspettative del pubblico e sulla sua capacità adattiva.

Nel 1962 Susan Sontag descriveva gli happening (allora praticati da Allan Kaprow, Jim Dine, Claes Oldenburg, Robert Whithman, Carolee Schneemann, George Brecht, Yoko Ono ecc.) come un intreccio tra la mostra d'arte e lo spettacolo teatrale: si svolgevano dinanzi a un pubblico in differenti spazi - loft, gallerie, cortili ecc. - e si concretizzavano temporaneamente in «[...] a dense object-clogged setting which may be made,

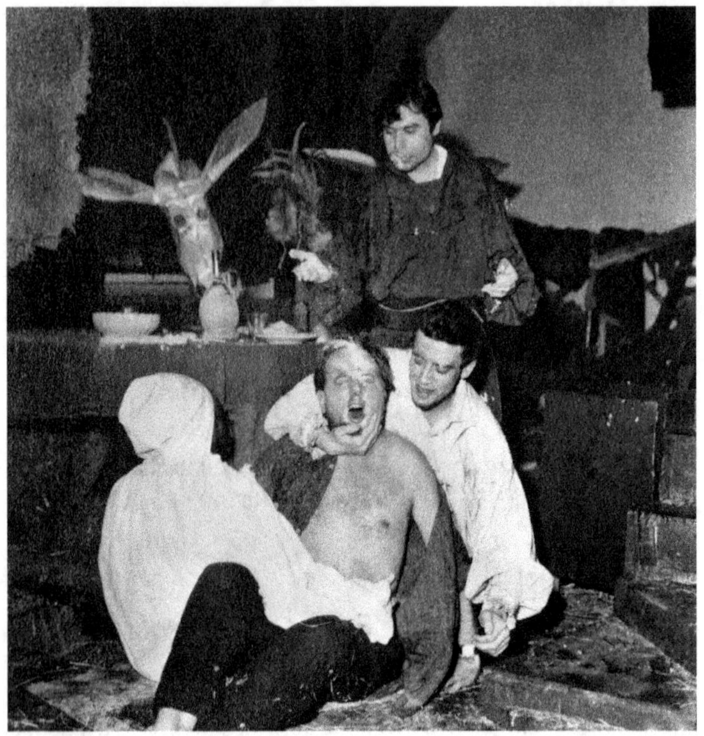

Cristo 63, Carmelo Bene (Cristo) Alberto Greco (Giovanni l'apostolo) e Giacomo Ricci - Teatro Laboratorio Roma 4 Gennaio 1963

assembled or found or all three»[26]. Nonostante la radicale giustapposizione degli elementi compositivi, delle situazioni messe in atto e degli accadimenti che ne scaturivano, Sontag coglieva "una unità formale" riconducibile principalmente al «treatment (this is the only word for it) of the audience» che intendeva scuotere aggressivamente la presunta "anestesia emozionale" del pubblico. Carmelo Bene mirava, invece, a evidenziare/stigmatizzare la sua docile capacità adattativa. Lo scandalo suscitato alla presentazione di *Cristo '63* ha dunque funzionato come un'esca comportamentale e come un mezzo

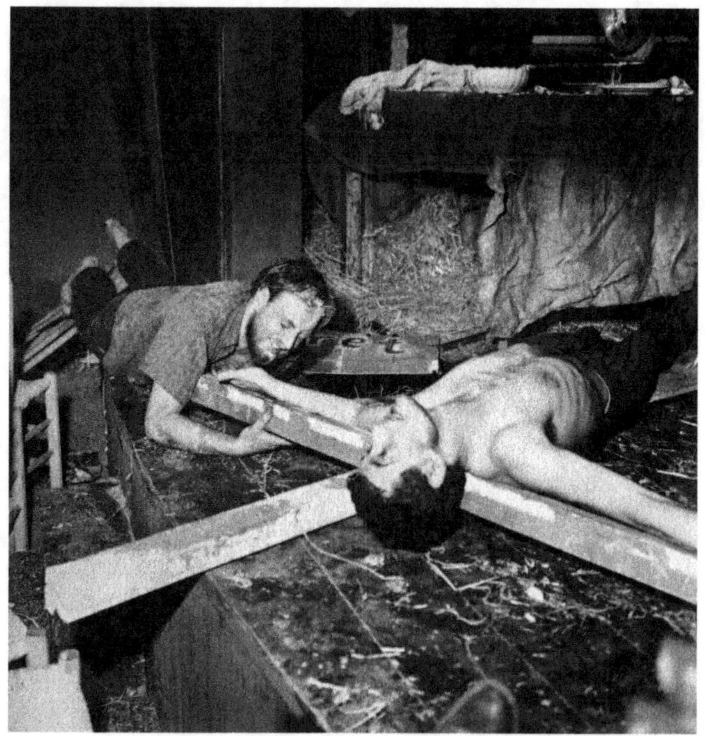

Cristo 63, Carmelo Bene (Cristo) Alberto Greco (Giovanni l'apostolo) - Teatro Laboratorio
Roma 4 Gennaio 1963

per (far) chiudere (dalle forze dell'ordine) il Teatro Laboratorio. L'obiettivo che Bene aveva perseguito viene dunque raggiunto: egli riesce ad attirare l'attenzione sul proprio "scandaloso lavoro" e lo "scandalo", da quel momento in poi, andrà ad alimentare l'aneddotica sulla sua vita e sul suo operato.

L'evento fu irripetibile in forza delle molteplici conseguenze che ne discesero e non per la dinamica dell'innesco, tant'è che nei giorni seguenti l'happening fu nuovamente messo in situazione[27]. Giuseppe Lenti e Alberto Grifi con due cineprese Arriflex filmarono il *reenactment* che ebbe luogo in una villa di rappresentanza della gallerista Carla Panicali sulla via Cassia Antica (messa a disposizione dalla galleria Marlbourough di Londra). I materiali filmici sono dispersi e, forse, perduti[28].

In un passaggio della versione filmica di *Nostra Signora dei Turchi*, inoltre, Carmelo Bene ha ripetuto il *pissing* (riferendosi a *Cristo 63*), questa volta contro il muro di uno spazio ibrido (in cui sono posti un fornello e uno scrittoio) allestito nella casa paterna a Santa Cesarea Terme dove sono state girate diverse sequenze. Tale gesto assume sarcasticamente un carattere di rivolta contro l'autorità con l'intento di provocare una chiusura, di disfarsi del proprio condizionamento culturale, tanto in privato quanto in pubblico.

Lo "scandalo" non è e non si riduce a un evento provocatorio/ aggressivo ma, in senso più ampio, concerne criticamente l'impatto culturale della ricerca beniana di quegli anni, come evidenzierà (nel 1968) Giuseppe Bartolucci mettendo a fuoco la scrittura di scena e la centralità della dimensione corporea. Egli argomenta:

> Un teatro "nuovo" come "scandalo", per gli anni Sessanta: con un Carmelo Bene che, misteriosamente chi sa per quali vie, parte da zone contestative del linguaggio drammaturgico tradizionale; [...] il linguaggio drammaturgico sradica[to] dal testo letterario [...] soltanto allo scopo di stenderlo come materiale di scena in vista di una scrittura scenica diversa; [...] Quando [...] il corpo di Carmelo Bene assume su di sé la responsabilità dell'operazione drammaturgica, ciò accade perché egli sul proprio corpo sperimenta in toto la negazione della tradizione della scrittura scenica e poi perché soltanto attraverso questo suo corpo la costruzione, o meglio la progettazione, della scrittura di scena gli si delinea e gli si apre[29].

Le "vie misteriose", cui fa cenno Bartolucci, della capacità critica del lavoro di Bene sembrano scaturire dalla sua ricerca sulla performatività. Il procedimento-tecnico-formale di tale ricerca si estrinseca in quella che allora si definiva in termini di scrittura di scena, documentata nel cortometraggio *Bis* (1966) di Paolo Brunatto attraverso la ripresa delle prove del primo atto de *Il rosa e il nero*[30] (presentato al Teatro delle Muse nell'ottobre 1966) che videro impegnati, oltre a Bene, Ornella Ferrari, Maria Monti, Lydia Mancinelli e in cui si intravedono Bussotti, Gelmetti, Braibanti[31]. Le stoffe/vesti indossate *e* sfilate in un gesto simultaneo (come documentato qui dalla captazione filmica, altrove dalla registrazione video e segnatamente nel *Macbeth* del 1984)[32], la "situazione" al posto del personaggio[33], il rilievo della partitura luministica, lo sfasamento enunciativo dell'atto, il *dire* in ritardo sul *fare*, l'asincrono tra il sonoro e il visivo (che in altro modo ritornerà in *Lorenzaccio*, 1986)[34], e l'uso del sintetizzatore sono modalità compositive che si aggiungono ai moduli e alle figure che investono i corpi attoriali (ipercinesi/catatonia, afasia, suoni quasi impercettibili o assordanti/frastornanti, oggetti-impedimento defunzionalizzati, addensati-diradati-incombenti nel continuo cadere e nell'essere ricollocati) già sperimentati e che trasmigreranno di opera in opera negli anni a venire. In un movimento laterale prendono a riposizionarsi e rimodularsi delle "figure": corpi (i volti calcinati, truccati con segni di "scarnificazioni" o mascherati/decorati con gocce di vetro colorate e finte pietre preziose), cose (i manichini e i veli nuziali; le vesti, i fazzoletti, le lenzuola; le bende, le corazze; i letti, i bauli/bare; gli specchi, le cornici vuote, gli schermi; i gessi e le protesi); configurazioni situazionali e atti performativi in variazione (il truccare/struccare i volti, il vestire/svestire il corpo o immetterlo in un circuito di impedimenti/*impasse*), come accade, ad esempio, con il "crocifisso" e la "crocifissione" che da *Cristo 63* passa al romanzo *Credito italiano V.E.R.D.I.* e ai film *Nostra Signora dei Turchi*, *Capricci* e *Salomè* (1970); composizioni sonore (le voci in variazione strumentate dall'amplificazione fonica; il suono-rumore nelle campionature dello strappo e del fruscio delle vesti, dello schianto, del sibilo del vento; i cortocircuiti *audio-visivi*; la musica per voce).

Si tratta di figure, di configurazioni situazionali, di atti performativi e di composizioni sonore che creano o possono creare una modulazione espressiva che si ripete - nell'opera, nella serie operale - o che viene ripresa da una serie operale all'altra e che nel ripetersi e nello sconfinare si trasforma in altro attraverso le permutazioni dell'idiolessi beniana: come accade, ad esempio, con le interminabili "cene" preparate, apparecchiate e consumate "in scena" in *Addio porco* (II edizione rivisitata di *Gregorio: cabaret dell'800*) e in *Cristo 63* poi performativamente riposizionate nella "scena del frate" in *Nostra Signora dei Turchi* tanto nelle forme teatrali quanto in quella filmica.

Nel 1964, anno in cui Bene lavora a *Salomè* (Teatro delle Muse) e a *Manon* (Teatro Arlecchino), a Roma è attivo il Living Theatre che, nel marzo del 1965, presenta (al Teatro Eliseo) *Mysteries and Smaller Pieces* e (al Teatro Parioli) *The Brig*[35]. Alfredo Leonardi filma le prove dei *Mysteries*: il materiale è montato in *Living and Glorious* (1965, 16mm, b/n, 21') e rimontato in *J. & J. & Co.* (1967, 16mm, 9').

A quelle date, nel contesto teatrale, operano Carlo Quartucci, Mario Ricci, Leo De Bernardinis e Perla Peragallo. Con questi ultimi Bene darà vita a *Don Chisciotte* (Teatro delle Arti, ottobre 1968), un concerto a quatto voci che inaugura un periodo di congedo dal teatro (al quale farà ritorno con *Nostra Signora dei Turchi* nel 1972 al Teatro Duse di Bologna) durante il quale Bene si concentrerà solo su progetti cinematografici. La dimensione scenica del *Don Chisciotte* è restituita dalla descrizione di Edoardo Fadini: «Lo spazio teatrale è determinato unicamente dalla lettura mentale del testo cervantiano. [...] Il luogo in cui avviene la lettura è decorato di carta stagnola sulle tre pareti di fondo. I riflettori sono montati su due cavalletti da pittore collocati su due lati a fianco delle pareti laterali. A fianco dei cavalletti stanno Carmelo Bene e Leo De Bernardinis con un microfono ciascuno. Alla parete di fondo tre attori[36] coperti da un lenzuolo. In una nicchia laterale un quarto attore

Don Chisciotte 1968 (Teatro delle Arti, Roma). Leo De Bernardinis, Gustavo D'Apre, Carmelo Bene. Foto: Archivio Claudio Abate

anch'esso coperto da un lenzuolo. C'è un pappagallo su un trespolo. Vetri rotti coprono per intero il pavimento»[37]. Dalla descrizione emergono, in chiave constativa, i vetri frantumati e una presenza, quella del pappagallo sul trespolo, che (ci) appare strana. Il pavimento di vetro in frantumi è un rimando esplicito al "Dottor Vetrata", una delle *Novelle esemplari* (1613) di Miguel de Cervantes. La presenza del pappagallo, invece, sembra rinviare a un'opera (1967) di Jannis Kounellis che consiste in una struttura-quadro con una campitura in metallo sulla quale è inserito un trespolo su cui poggia un pappagallo: la zampa è legata al trespolo, ma l'uccello può comunque muoversi anche

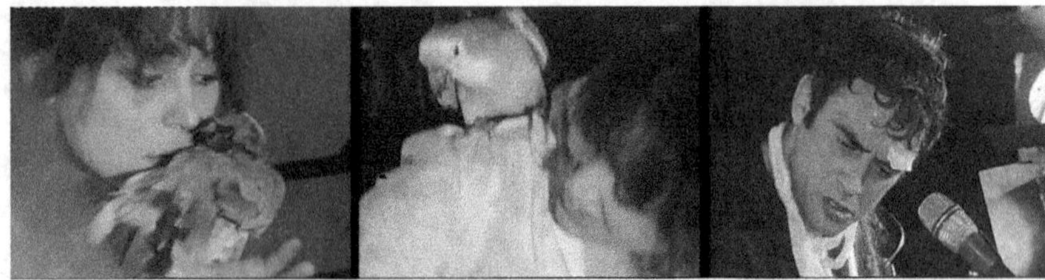

Don Chisciotte 1968. Lea Peragallo. Video still tratti da materiali documentari Rai (prove, Teatro Carmelo Bene - Roma). *Servizio Cronache del cinema e del teatro - Notiziario*, trasmesso da Rai 2 il 24 gennaio 1969

se il suo movimento è impedito e l'energia bloccata. Nell'opera concerto *Don Chisciotte*, invece, un pappagallo si appoggia su un leggio ed è libero di muoversi senza costrizioni nello spazio scenico avvolto da suoni.

Animali vivi compaiono nel lavoro complesso di Jannis Kounellis nell'ambito della sua ricerca sulle relazioni tra cultura, arte e natura. Kounellis nel novembre 1967, alla galleria de L'Attico, presentava una serie di elementi inorganici/organici e animali/vegetali in un complesso di opere "Senza titolo" (*Il pappagallo. I cactus. La cotoniera. L'acquario*). La titolatura privativa rende straniante la relazione tra le cose (le opere) e le parole (le loro nominazioni).

Jannis Kounellis, *Senza titolo* (Il pappagallo), 1967

In *Aria verde* (1968, 16mm, col., 9'), Luca Maria Patella riprende un'azione di Kounellis con il pappagallo. Ripresa che va a comporre il film *SKMP2* (1968, 16mm, b/n e col., 30')[38], un'opera filmica ripartita in quattro blocchi spazio-temporali autonomi corrispondenti alle azioni performative, oltre che di Kounellis, di Eliseo Mattiacci, dello stesso Patella (assieme a Rosa Foschi) e di Pino Pascali.

La frequenza, l'ordine temporale, gli stretti intervalli tra un progetto e l'altro o anche la presentazione nello stesso lasso temporale di progetti diversi - al Teatro Laboratorio, al Teatro dei Satiri, al Teatro delle Arti, al Teatro Arlecchino, al Teatro delle Muse - sono indicatori sia del metodo di lavoro di Bene sia, in particolare, dell'urgenza della ricerca che lo muove e che sembra supportata da alcuni aspetti propri dell'happening. La fluidità del confine tra arte e vita[39], i corpi messi in situazione, la presenza spettatoriale mai disimplicata (sia *in absentia* sia *in praesentia*), l'uso degli oggetti e dello spazio relazionabile alla scultura di accumulazione (*junk sculpture*), la temporalità declinata in strutture a compartimenti sia simultanei sia successivi, le modulazioni visuali e auditive, l'indeterminazione (John Cage, Allan Kaprow e Living Theatre) sono tutti elementi ravvisabili, già in quel periodo, *anche* nel lavoro teatrale di Bene (come si può evincere da certe documentazioni fotografiche, dalle recensioni e dalle prime riflessioni teoriche sul suo lavoro) ma, ad oggi, non sono reperibili fonti e documenti in grado di documentare e attestare le possibili interconnessioni conoscitive tra questo e le coeve pratiche artistiche dell'happening.

Non è la definizione *in progress* dell'happening il punto di attenzione qui, ma una certa relazione tra alcuni assunti di Michael Kirby (1965)[40] con la forma-teatro del primo Carmelo Bene senza che vi siano fonti che l'attestino, se non le opere e la consapevolezza (a posteriori?) dello stesso Bene («Il "Living" non era ancora passato a Roma. I primi happening li facevo io»)[41].

Un riferimento diretto all'happening nell'opera di Carmelo Bene si ritrova nel titolo di un testo per il teatro: *Manon. Esempio di teatro totale, happening escluso* (in *Pinocchio Manon e Proposte per il teatro* edito da Lerici nel 1964), una ri-scrittura di cui è pretesto il romanzo *Manon Lescaut* (1731) dell'abate Antoine-François Prévost. Si tratta di uno *score* che confluirà e si confonderà con quello di *Arden of Feversham* (già riscrittura dell'opera omonima di anonimo elisabettiano) nel secondo lungometraggio di Carmelo Bene, *Capricci* (1969). In effetti, il riferimento all'happening quale forma di teatro (qui da Bene esplicitata in negativo) non è limitato al solo titolo, ma concerne l'interpolazione del testo letterario con le istruzioni base, distinte in "copione" e in "realizzazione", in cui gli atti di parola sono minimi e sincopati e dove prevalgono gli oggetti, il non verbale, la dimensione comportamentale. Pur se la composizione e l'esecuzione sono definite, nondimeno, ogni azione può iniziare e terminare in punto qualsiasi. Lo *score*, inoltre, introduce istruzioni di "messa in scena" che prevedono «[...] un'orchestra al completo nella fossa destinatale come in qualunque esecuzione» e una

[...] pista centrale [...] popolata di veicoli come parcheggiati: macchine, biciclette, motociclette di vecchio modello. In una delle macchine, seduto al volante, immobile, Des Grieux. [...] Si piega leggermente verso la leva del cambio e scambia di profilo qualche parola con il suo immaginario interlocutore: l'auto parte di colpo, a marcia indietro, mandando in aria almeno tre biciclette, posteggiate nelle immediate vicinanze. Si ferma con uno schianto violento contro la palizzata-paraurti. [...] Parte seconda e gran finale [...] I veicoli sono oramai quasi tutti inutilizzabili. Di scena Des Grieux e Manon, entrambi indaffarati attorno a una motocicletta. Sono imbrattatissimi. Des Grieux ha il braccio destro tutto fasciato e una gamba sanguinante. Manon è anche lei fasciata dappertutto alla meglio. Quasi la costringe a montare. Mette in moto e vanno a sbattere contro un'auto già incidentata [...][42].

Manon, 1964 (Teatro Arlecchino, Roma). *Marcatrè* 11/12/13 1965

Al Teatro Arlecchino, nel 1964, Bene non è sul palcoscenico, ma dà istruzioni ai performer dalla platea, come ricorda Vendittelli: «[Carmelo Bene] dirigeva a vista, dalla terza fila di platea [...]»[43].

Lo *score* prevede un accumulo di incidenti automobilistici, ma nell'esecuzione scenica le vetture sono sostituite da un *go-kart.* Restano attivi il palcoscenico e la scatola scenica: infatti la situazione in cui il pubblico si trova è visiva e auditiva. Oltre che di rumori, la partitura sonora si compone di estratti da *Manon Lescaut, Traviata, Forza del destino, Carmen, Pagliacci, Cavalleria rusticana.* Ricorda ancora Vendittelli: «Orchestre, tenori, baritoni, soprani e cori fondevano le loro voci col rumore scoppiettante del *go-kart* e degli urli degli attori»[44].

Il corpo inerte di Manon (svenuta) viene trascinato e composto, così come prevede lo *score*: «Des Grieux adagia

Manon, seduta per terra, busto eretto. La figurazione richiama il *Capriccio* di Goya: *Porque fue sensible»* (1799)[45]. Diversamente dal romanzo di Prévost, Manon qui trova la morte per mano di Des Grieux. In questa fase, la morte incombe su ogni "situazione" ed è qui evocata finanche dalla postura del corpo di Manon. La "sospensione del tragico", infatti, troverà una elaborazione definitiva in *Amleto* da Shakespeare e Laforgue (1974), *Romeo e Giulietta (storia di W. Shakespeare)* 1976, *Riccardo III* (1977), *Otello, o la deficienza della donna* (1979).

In merito all'enigmatico finale di *Manon*, Alberto Arbasino rileva: «[...] quando son morti tutti, i corpi vengono visitati da un cavallo, un vero cavallo da opera, di quelli che di solito passano in lontananza; e invece questo arriva fino alla ribalta, apparizione zoccolante condotta dal suo vetturino perplesso»[46]. Il finale di *Manon* trova elaborazione in *Capricci* nell'ultimo piano del film. Finale "folgorante", scrive Maurizio Grande, «quello dei cacciatori e delle cacciatrici di volpi che entrano in scena, invadono il terrapieno, aggrediscono la macchina da presa in

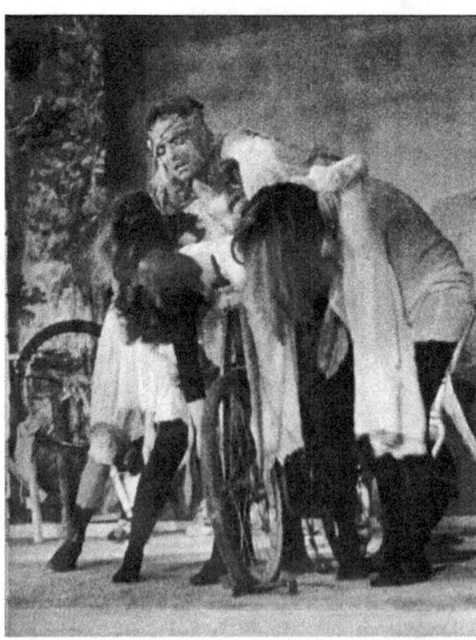

Manon, 1964 (Teatro Arlecchino, Roma).
Marcatrè 11/12/13 1965

una luce rossa e irreale come il fondo bianco o scuro dei corpi dei cavalli, come le divise di caccia, come quel mondo che viene messo in scena e a cui si rinvia. Come il *Capriccio italiano* di Ciaikovskij che li accompagna nell'alternarsi di piani, di luce, di tonalità del colore, del grado di violenza che contraddistingue i cavalieri definendo il loro senso e la loro funzione»[47]. Ma non c'è una conclusione e il rosso del finale, per Carmelo Bene, non è né pittorico né cromatico: "è un discorso intraducibile in parole".

Nel lavoro di Bene dei primi anni Sessanta, inoltre, sembrano esservi delle corrispondenze non solo con certe linee tensive - dispersione di energia, alternanza di "momenti di violenza" e di "spossamento totale" - ma anche con le tecniche esecutive dell'happening, quali la successione di azioni qualsiasi, distinte e spaziate in differenti zone del palcoscenico da una totale oscurità e l'uso di alcune tipologie di materiali (cibo, stoffe, bende mediche, corde, piatti ecc.) e di oggetti (altalene, sedie a rotelle, pattini, automobili ecc.).

Certi modi operativi e certe situazioni che Carmelo Bene mette in campo sono riconducibili agli happening nord americani e in particolare a quelli di Jim Dine e Claes Oldenburg.

L'edizione italiana dell'antologia *Happening: An Illustrated Anthology* (Dutton, New York 1965) curata da Michael Kirby, con gli scritti/*score* di Jim Dine, Red Grooms, Allan Kaprow, Claes Oldenburg e Robert Withman, viene editata nel 1968, a tre anni dalla sua prima edizione negli Stati Uniti. Allo stato attuale della ricerca, come sopra accennato, restano da indagare le modalità di circolazione e di diffusione delle informazioni sulla cultura artistica nordamericana che si sono attivate in seguito ai viaggi di artisti e filmmaker (Francesco Giraldi, Tano Festa, Mario Schifano, Alfredo Leonardi e altri) in Nord America tra il 1964 e il 1969-1970. Va rilevato, tuttavia, che nel 1961 in Italia esce sulla rivista *Metro* n. 3 l'articolo *"Happenings" a New York* di Paolo Barozzi che, a partire da alcune dichiarazioni di Allan

Kaprow, descrive i tratti distintivi degli happening nordamericani attraverso le pratiche di Claes Oldenburg, Jim Dine e, come farà Kirby, pur facendo riferimento al contesto newyorkese, abbozza una genealogia di matrice europea riconducibile alle avanguardie storiche e a forme rituali di vario genere. Nella ricostruzione di Barozzi c'è un passaggio che mette a fuoco la necessità contingente da parte di certi artisti newyorkesi di sottrarsi al mito del successo, di gestire e di non essere gestiti dal "mondo dell'arte", progettando anche lavori che non possano essere venduti perché effimeri e azioni performative di difficile comunicazione ma, al contempo, richiamando una grande attenzione su di essi. Barozzi, nel suo articolo, mette in rilievo la dimensione visiva degli happening quali «frammenti di teatro dove l'aspetto visivo è amplificato»; si tratta di situazioni, innescate prima che gli spettatori siano convocati in presenza e che continuano anche dopo che gli spettatori se ne sono andati, in cui si utilizzano «le sostanze specifiche della vita: suono, movimenti, gente, odori, tutto». «Non hanno trama e nessuna filosofia ovvia, si materializzano in modo improvvisato»; «[...] non hanno nessuna consistenza di stile [...] e sono basati in modo specifico sulla personalità e sul senso estetico dell'autore». «Un happening è generato nell'azione: l'azione dirige se stessa in qualsiasi modo desideri e l'artista la controlla solamente nel senso che continui a muoversi nel senso giusto». La forma «[...] è aperta a qualsiasi fine, è fluida, niente di ovvio è cercato, e quindi niente è raggiunto, eccettuata la certezza di essere più attenti del solito ai fatti che accadono. Questo genere d'arte vive una vita breve piena di intensità»[48].

Tra gli happening descritti, *The Car Crash* (1960) di Jim Dine presenta elementi distintivi che sono presenti anche nel lavoro di Bene, quali la relazione tra la macchina e l'essere umano (maschile-femminile), il bianco degli elementi in scena (e segnatamente delle bende mediche), la configurazione o più precisamente «[...] la tensione di forma [...] data da una

Claes Oldenburg, *Autobodys*, Los Angeles 1963
da Michael Kirby (a cura di), *Happening, Antologia
Illustrata. Scritti e realizzazioni di Jim Dine, Red Grooms,
Allan Kaprow, Claes Oldenburg, Robert Withman* (De
Donato, Bari 1968). Quarta parte: «L'attore con il berretto
a visiera sistema sul terreno le bende attaccate al corpo
dell'uomo sdraiato. Sul fondo il pulmino Willys, la
betoniera, la Dauphine, il manichino e la struttura (Rolf
Nelson, Tom Etherton)». Parte cinque: «[...] sono visibili
[...] due ragazze sul tetto della Willys avvolte nella plastica.
In primo piano due pic-nic devastati, al centro, davanti alla
betoniera, e il manichino pubblicitario (Rolf Nelson, Tom
Etherton)». Parte cinque: «La ragazza in abito da sera si
sposta dalla Cadillac, a destra, verso la Mercedes, al centro
(Laurie Weber, John Weber, Bobbie Neiman)»

semplice successione di immagini e di azioni separate da un'oscurità completa» in differenti zone dello spazio scenico. Allo stesso modo, l'happening di Robert Whitman presenta un tratto compositivo che si ritrova nella pratica di Bene: le luci si spengono e quando si riaccendono il performer, Whitman, «attaccato al soffitto pendola dondolando sopra la testa del pubblico» (cfr. *Gregorio: cabaret dell'800*); i «movimenti di violenza» sono seguiti da «spossamento totale» (secondo una tipica polarizzazione del corpo ipercinetico/catatonico e euforico/disforico che Bene inserisce in scena). L'ammasso di gomme di automobili (cfr. *Manon*), esito dell'happening intitolato *Environments – Situations – Spaces* (1961) di Allan Kaprow presso la Galleria Martha Jackson, attiva l'intervento della polizia con un mandato di sgombero[49].

Parimenti *Autobodys* (1963) di Claes Oldenburg presenta una dinamica interessante: lo *score* e la realizzazione sono molto complessi[50]. L'happening, che ha avuto luogo in un parcheggio a Los Angeles, è articolato in cinque parti e ha una struttura variabile ma definita. Le azioni dei performer concernono l'uso di oggetti eterogenei e di materiali diversi: automobili, motociclette, una betoniera, un pulmino, un furgone, ghiaccio, pneumatici, plastica, corde, scala, manichino, specchi, sedia a rotelle ecc.; le azioni attengono al guidare (con differenti velocità), al parcheggiare le automobili e a definire con esse delle configurazioni scultoree nello spazio; e ancora consistono nel manipolare in diversi modi gli autoveicoli. Viene fatto uso di vernici colorate. Vi è una partitura sonora (rumore di veicoli in movimento, trasmissioni radiofoniche, clacson, musica drammatica preregistrata in *loop* tratta da colonne sonore di film).

La rivista *D'Ars* n. 1 nel 1964, con un articolo di Perluigi Albertoni, fa il punto sugli happening a New York a partire dal 1958. Sono evidenziate le «azioni gestuali, sonore, luminose, meccaniche e umane» e l'eterogeneità dei luoghi in cui possono trovare svolgimento - atelier, negozio, galleria d'arte ecc. -

nonché viene enfatizzata la valenza autoriale (relativamente all'innesco delle situazioni), ma questa volta in correlazione agli «apporti individuali» degli "attori" e del "pubblico". Quest'ultimo svolge dunque un ruolo comprimario. È ribadita l'estensione di tale pratica artistica al di fuori di ogni limitazione estetica, anche se viene comunque mantenuta la referenza al teatro e soprattutto alla scultura e alla pittura. Vengono citati, quale «avvenimento in movimento», *A Service for the Dead* (1962) di Allan Kaprow - «[...] avvenimento costituito da una processione in onore di una ragazza nuda adagiata su una barella e posta in mezzo a bidoni e scatole vecchie» - e, quale «happening a carattere statico», *Bus Driver* (1962) di George Segal, composto «da una statua di gesso raffigurante un guidatore d'autobus con in mano un volante vero»[51]. Situazioni che, per sincretismo ed elaborazione di elementi eterogenei, sembrano ricorrere in un importante passaggio della versione filmica di *Nostra Signora dei Turchi* in cui viene simbolicamente officiato uno strano funerale (assente nella versione letteraria).

Carmelo Bene sembra straniare, deformare, rovesciare in negativo, in modalità contrapposta e in chiave polemica, i tratti distintivi dell'happening ed elaborare decostruttivamente il posizionamento del pubblico entro un dispositivo teatrale e situazionale in cui dilaga l'uso di oggetti eccentrici, di trovarobato, di sostanze alimentari, di utensili, di vernici e materie eterogenee attraverso alcuni moduli performativi inseriti entro peculiari configurazioni in variazione.

L'uso di materiali occasionali e deperibili li definisce come un aggregato di oggetti funzionalmente indistinguibili dagli oggetti e dai costumi di scena *stricto sensu* facendoli agire attraverso la loro capacità di attivare i sensi (in particolare l'olfatto). Da tale assemblaggio di materiali discende un'ibridazione dello spazio scenico teatrale così mantenuto. Dagli atti performativi e dalla serie di accadimenti dalle imprevedibili durate, dagli incidenti sospensivi, dalle *impasse* creative o cerimoniali che investono il pubblico si produce un concatenamento ambientale ed evenemenziale che non lascia resti utilizzabili o perché non ce ne sono, o perché letteralmente "investiti" sugli spettatori (come accade in *Cristo 63*). Carmelo Bene ricostruisce la ripresa (al Teatro Laboratorio) del già citato *Gregorio: cabaret dell'"800* (in *Addio porco*) per enfatizzarne il finale:

> [Nella prima parte] si facevano a pezzi versacci di libretti d'opera dell'Ottocento. Nella seconda invece [...] si passava a una specie di afasia e, quindi, all'ammutolimento generale, ingurgitando cartaccia. Si usava la bocca solo per mangiare [...] Quasi sempre si mangiava in scena. Un tavolo, la bombola a gas [...].
>
> Si finiva sempre a tavola. In scena e fuori scena. C'era una tavola apparecchiata, di quelle da osteria[52]. [Manlio Nistri della compagnia teatrale Palmi-D'Origlia] faceva da mangiare in scena, in tempo reale, senza dar confidenza (la spesa la faceva il mattino al mercato di San Cosimato) e senza rinunciare al *frac* e alle ghette, le camicie, mezze maniche sommate. Ci mettevamo così tutti a tavola. Antipasto, primo e secondo. "Vogliamo fare un caffè, signor Carmelo?, m'interpellava con aria complice il signor Nistri? "E perché no, Manlio, facciamolo pure...". Senza recitare. Come se la quarta parete fosse murata. Quelli [del pubblico], ridotti a guardoni, aspettavano l'ebollizione della "napoletana", e d'altra parte avevano pagato per questo. Volevano soprattutto testimoniare l'esito. Alla fine del pranzo si sparecchiava per bene e ce ne andavamo. Dopo un tempo interminabile rientravo come a cercare qualcosa che avessi smarrito[53].

Nulla sopravviene, come si è detto, nel contesto dell'"happening" in cui Bene aggredisce la competenza del pubblico frustrandone l'aspettativa dell'imprevisto e la pretesa capacità adattativa[54]. Il Teatro Laboratorio diviene un luogo liminare in cui il pubblico è esposto a se stesso piuttosto che all'impermanenza dell'accadimento, estenuato invece nella sua interminabile temporalità[55].

In ambito artistico, nel corso della seconda metà degli anni Sessanta, su più piani, la temporalità diviene un aspetto che investe lo spazio espositivo (qualunque esso sia) in quanto esso si fa campo operativo non solo perché prende a includere delle "azioni" (happening o performance), ma anche perché *implica un gesto progettuale/curatoriale.*

La temporalità interviene anche sul protocollo espositivo, vale a dire sul formato della mostra. *Teatro delle Mostre*, che si tiene dal 6 al 31 maggio del 1968 presso la galleria La Tartaruga di Roma, ne è una esemplificazione: si tratta di una serie di "mostre" che si trasforma in "teatro", in una sequenza di interventi diversi che si avvicendano, con una cadenza temporale di ventiquattr'ore per quasi trenta giorni consecutivi, e in cui si producono slittamenti dalle cose ai concetti, dalle materie alle relazioni e si attivano spostamenti dalle opere ai comportamenti connotando tendenze artistiche multidisciplinari. Tra gli interventi, oltre a *La più rara rara* di Sylvano Bussotti vi è quello (*Una foresta di menta*) di Gino Marotta, che curerà la scenotecnica dei lavori di Carmelo Bene nel corso degli anni Settanta, al termine dell'importante collaborazione con Salvatore Vendittelli.

Maurizio Calvesi, nell'introduzione al catalogo di *Teatro delle Mostre*, scrive del «[...] rapporto tra arte e teatro che ha avuto il suo fulcro nella pop art» (che egli intende «come tutt'uno con il new dada») scaturito «da un allinearsi dell'opera d'arte alla condizione dell'happening»[56]. Al di là dell'interpretazione e del riferimento all'esperienza estetica secondo la lezione di John Dewey[57], è l'enfasi posta da Calvesi sul tempo e sulla processualità a rivelarsi:

Se l'opera d'arte è un processo, deve rispecchiare fino in fondo i caratteri di relatività e di continuità che sono propri di ogni processo dell'esperienza. Una mostra, cioè un'opera, si salda all'altra come in una catena, e in questo trapasso afferma la propria relatività. E se l'opera è la verifica mentale di un fenomeno biologico, è giusto che il ritmo imposto dal processo corrisponda ad un ritmo biologico, che in ogni mostra corrisponde allo spazio di una giornata. Non è l'accadere, non è il succedere, non è l'happening, ma è il succedersi che interessa, la successione non come flusso ma come processo, come ritmo, come verifica nel tempo del tempo[58].

Il campo tematico concerne la modalità esperienziale e partecipativa dello spettatore implicato nell'azione artistica. Michael Fried in *Art and Objecthood* (1967) introduce la notoria critica negativa alla «partecipazione oculare» dello spettatore e alla "teatralità", riferendosi al procedimento di espansione contestuale e relazionale che la scultura minimalista attiva nello spazio dell'opera mediante la presenza spettatoriale. L'obiettivo polemico particolare ed esemplare di Fried è la scultura minimalista di Robert Morris (cui oppone il modello modernista di opera chiusa e auto-conclusa)[59]. L'assunto generale di Fried è che l'arte "degenera" quando si rende prossima alla «condizione del teatro»; ma "teatro", significativamente, «è tutto quello che sta *tra* le singole arti»[60]. Non è un caso, ad esempio, che nel contesto di *Arte povera più azioni povere* ad Amalfi (mostra curata da Germano Celant e da Marcello Rumma, 4 ottobre - 8 ottobre 1968), Michelangelo Pistoletto, assieme al gruppo dello Zoo[61], presenti l'happening *L'uomo ammaestrato*. Sono numerose, inoltre, le azioni performative e teatrali messe in campo da Pistoletto per strada o in contesti artistici diversi da quelli istituzionali.

Non solo. Pratiche diverse e differenti intenti progettuali sono accomunati da un *modus operandi* performativo. Nel 1968 Lucy Lippard e John Chandler nel noto saggio *The Dematerialization of Art* (apparso su *Art International*) rilevano che: «[...] i media della performance stanno diventando una sorta di terra di tutti e di nessuno dove si possono incontrare, e al limite accomunare, artisti visuali dagli stili anche profondamente dissimili. Contemporaneamente l'elemento tempo diventa il punto focale di svariati esperimenti nel campo delle arti visuali; parallelamente alcuni aspetti della danza, del cinema, della musica diventano probabili accessori della pittura e della scultura, che a loro volta tendono a venire assorbite, in termini inattesi, dalle performance»[62].

1. Daniela Lancioni, "Perché Jannis Kounellis ha consegnato la realtà della vita alla fissità del quadro?", in Francesca Gallo (a cura di), "La performance in Italia. Temi, protagonisti, problemi", *Ricerche di Storia dell'arte*, n. 114, 2014, pp. 46-59; pp. 47-48.

2. Nel contesto della *Mostra a soggetto. Corradino di Svevia 1252- 68*, organizzata dalla Galleria La Salita a Torre Astura, Pino Pascali presenta l'azione *Requiescat in Pace Corradinus* (22 luglio 1965). Ricorda Maurizio Calvesi: «Nel 1965 a Torre Astura, in occasione di una mostra intitolata a Corradino di Svevia, Pascali realizza [...] una primissima performance, inondando di fumo una cripta dove aveva costruito una sorta di altare e trattenendosi per più di un'ora, come "officiante", in questo ambiente irrespirabile, tra il nostro stupore, grazie a una maschera anti-gas nascosta da un'altra maschera teatralmente lugubre, sotto la mitra vescovile». Maurizio Calvesi, *Cronache e coordinate di un'avventura. Preistoria della "Scuola di Piazza del Popolo", Roma anni '60. Al di là della pittura*, catalogo della mostra, Palazzo delle Esposizioni, Roma, 20 dicembre 1990 - 15 febbraio 1991, Edizioni Carte Segrete, Roma 1990, pp. 24-28. Cfr. Daniela Lancioni, "Pino Pascali a Torre Astura", in *Quaderni di scultura contemporanea*, 10, 2011, pp. 9-18; Martina Rossi, "*La firma dell'artista nel contesto dello happening Joseph Pascali fecit anno* in *Requiescat in Pace Corradinus* di Pino Pascali alla Mostra a soggetto della galleria La Salita", in *Venezia Arti*, Vol. 26 - Dicembre 2017 http://ecf.unive.it/media/pdf/article/venezia-arti/2017/26/art-10.14277-2385-2720-VA-26-17-15_EGkbFBU.pdf [ultimo accesso: 12 dicembre 2019].

3. *Bene! Quattro modi di morire in versi: Majakovskij-Blok-Esènin-Pasternak* (1974, 1'20'') viene trasmesso in due parti il 27 e il 28/10/1977 da Rai 2. Ulteriore ripresa teatrale (la V) nel 1980: *Spettacolo-concerto Majakovskij (Majakovskij-Blok-Esènin-Pasternak)*. Regia: Carmelo Bene; musiche: Gaetano Giani Luporini; percussioni *live*: Antonio Striano; protagonista solista: Carmelo Bene. Perugia, Teatro Morlacchi.

4. Come si evince dalla locandina, fu presentato da Bene e Giuseppe Lenti, con la collaborazione alla regia di Salvatore Siniscalchi: si veda Salvatore Vendittelli, *Carmelo Bene tra teatro e spettacolo*, cit. pp. 3-22; Giuliana Rossi, *I miei anni con Carmelo Bene*, cit., p. 43.

5. Il regesto della teatrografia di Carmelo Bene non è stato ancora perfezionato.

6. Tonino Caputo, "Le pitture di scena", cit., p. 290 e p. 293.

7. «È qui che per la prima volta Carmelo utilizza la simultaneità, le variazioni sovrapposte e trasposte delle voci, in una continuità spazio-temporale. Qui scopre i tempi degli accoppiamenti poco o molto giudiziosi, usando traduzioni, riscritture, drammi pseudo-originali, sceneggiature, scritture smembrate e ricucite a caso, mischiate alle poesie, per costruire un discorso babelico rivoluzionario, l'equilibrio delle note alte e basse. Per la prima volta Carmelo fa usare l'urlo anteposto e opposto al falsetto vocale, nasale, il passaggio ripetitivo da una frase a un'altra per raddoppiarne la forza, il pianto e il riso in funzione musicale, l'accavallarsi delle voci, più parti dette dallo stesso attore, l'ossessiva iterazione di battute determinanti, il rimescolamento di testi diversi in un esasperato cromatismo, l'uso di brani lirici, smontando e rimontando un testo preesistente con una tecnica che è quella orchestrale, costruendo così un canovaccio-spartito». Salvatore Vendittelli, *Carmelo Bene tra teatro e spettacolo*, cit., p. 19.

8. Come rileva Salvatore Vendittelli, ma non è un caso infrequente, il titolo stesso dello spettacolo presenta dizioni diverse a seconda delle fonti: *Gregorio. Cabaret 800* nella locandina, *Gregorio. Cabaret dell'800* in alcune recensioni, *Gregorio: cabaret dell'800* nelle *Opere* di Carmelo Bene (Carmelo Bene, *Opere, con l'Autografia d'un ritratto*, Bompiani, Milano 1995).

9. Salvatore Vendittelli, *Carmelo Bene tra teatro e spettacolo*, cit., p. 16, p. 21, p. 130.

10. Carmelo Bene, Giancarlo Dotto, *Vita di Carmelo Bene*, cit., p. 133.

11. Giuliana Rossi, *I miei anni con Carmelo Bene*, cit., p. 58.

12. Carmelo Bene, *Credito italiano V.E.R.D.I.*, Sugar, Milano 1967, p. 211.

13. Marta Marchetti, "Cristo 63 di Carmelo Bene. Omaggio a Joyce", in *Acting Archives Review. Rivista di studi sull'attore e la recitazione*, Anno VIII, n. 16, novembre 2018, pp. 50-68.

14. Sul piano della cronaca, come rileva Ruggiero Guarini, *Cristo 63* si presenta come «canovaccio», «opera aperta», «contaminazione di testi» di James Joyce e di Jean Genet, a «metà tra la farsa, il pastiche e la rappresentazione allegorica», più precisamente originato dall'idea di Bene e Greco di allegorizzare «vicende personali, [...], quotidiane». «Il mio Teatro Laboratorio era diventato Betlemme: la nostra infanzia, Nazareth; una ragazza-squillo di nostra conoscenza, la Maddalena; il sonno che si abbatté su di noi verso l'alba, il Calvario». Così, Bene nel corso della conferenza stampa che seguì la "prima" di *Cristo 63*, dopo la chiusura del Teatro Laboratorio, spiega l'allegoria che sta alla base delle azioni performative di quello che più tardi egli definirà «un *happening*». La dichiarazione di Bene sulla situazione allegorica in cui i performer operano è riportata da Ruggiero Guarini in "L'autore-regista di Cristo '63 afferma di aspirare alla purezza", *Il Messaggero*, 7 gennaio 1963.

15. [Vice], "Una 'prima' movimentata. Un omaggio a Joyce di alcuni ubriaconi", in *Telesera*, 5 gennaio 1963.

16. Carmelo Bene, *Sono apparso alla Madonna*, Longanesi, op. cit., p. 40; Carmelo Bene, Giancarlo Dotto, *Vita di Carmelo Bene*, cit., p. 131.

17. L'esito - come ricorda Bene - fu la condanna «[...] in contumacia a otto mesi di reclusione con la condizionale per atti osceni in luogo pubblico»; in appello ci fu l'assoluzione per estraneità ai fatti. Carmelo Bene, Giancarlo Dotto, *Vita di Carmelo Bene*, cit., p. 133.

18. Marta Marchetti, "Cristo 63 di Carmelo Bene. Omaggio a Joyce", cit., p. 59.

19. A proposito delle foto sopravvissute ed esposte nel conteso della mostra *Benedette foto! Carmelo Bene visto da Claudio Abate* scrive Lancioni: «Abate le ha ricavate da un foglio di provini a contatto scampato al sequestro di negativi e stampe operato dalla magistratura a seguito delle vicende che porteranno alla sospensione dello spettacolo e alla chiusura del Teatro Laboratorio [...]». Daniela Lancioni, "Il vedere chiaro di Claudio Abate", in Daniela Lancioni, Francesca Rachele Oppedisano, *Benedette foto! Carmelo Bene visto da Claudio Abate*, Skira, Ginevra Milano 2012, p. 17. La mostra è stata curata da Daniela Lancioni, con la collaborazione di Francesca Rachele Oppedisano e si è tenuta presso il Palazzo delle Esposizioni di Roma dal 4 dicembre 2012 al 3 febbraio 2013.

20. *Gran Manifiesto-Rollo Arte Vivo-Dito* conservato al Museo Reina Sofia di Madrid. Rafael Cippolini, *Manifiestos Argentinos: Políticas de lo Visual 1900-2000*, Adriana Hidalgo Editora, Buenos Aires 2003, p. 323; Marta Marchetti, "Cristo 63 di Carmelo Bene. Omaggio a Joyce", cit., p. 55.

21. Ruggiero Guarini, "L'autore-regista di Cristo '63 afferma di aspirare alla purezza", cit.

22. Marta Marchetti, "Cristo 63 di Carmelo Bene. Omaggio a Joyce", cit., pp. 65-66.

23. Carmelo Bene, *Sono apparso alla Madonna*, op. cit., pp. 38-40; Carmelo Bene, Giancarlo Dotto, *Vita di Carmelo Bene*, cit., pp.130-134; Giuliana Rossi, *I miei anni con Carmelo Bene*, cit., pp. 58-59.

24. Per la ricostruzione delle tracce memoriali su Alberto Greco si rimanda a Marta Marchetti, "Cristo 63 di Carmelo Bene. Omaggio a Joyce", cit., p. 57.

25. Egli scrive nella sua autobiografia: «Li facevamo attendere anche tre ore nel bar attiguo e poi li convocavamo per il "trucco". [...] Loro dunque passavano al trucco. L'addetto al pittaggio era [Manlio] Nistri. Li segnava come apaches, con segnacci rossi, gialli e neri. [...]. Si lasciavano fare. Docili. Non osavano. Questa cosa aveva la sua funzione. Quando all'intervallo andavano al bar, [...], e provavano a far discorsi seri sullo spettacolo, si guardavano in faccia o allo specchio e sbottavano a ridere. [...] Destituiti. Cancellati. I loro seriosi pettegolezzi tagliati alla fonte. Poi rientravano [...]». Carmelo Bene, Giancarlo Dotto, *Vita di Carmelo Bene*, cit., p. 125, pp. 127-128; p. 125.

26. Susan Sontag, "Happenings: An Art of Radical Juxtaposition", Ead., *Against Interpretation and Other Essays*, Farrar, Straus and Giroux, New York 1966 (I ed. in *Second Coming*, 1962).

27. Giuliana Rossi, *I miei anni con Carmelo Bene*, cit., p. 59.

28. Ricorda Alberto Grifi: «Questa villa fu trasformata in un *crib*, cioè in un nido, una culla, una mangiatoia con la paglia per gli spettatori [...] in quell'occasione feci diverse riprese, saranno stati duecento metri, una ventina di minuti [...]. [Lenti] Fece un film lunghissimo, lo montò e lo rimontò per un mucchio di tempo, finché ne rimasero quattro fotogrammi, che pubblicò, mi pare, la rivista *Film Culture*», in Giacomo Manzoli, Guglielmo Pescatore (a cura di), *L'arte del risparmio: stile e tecnologia. Il cinema a basso costo in Italia*, Carocci, Roma 2005 p. 157.

29. Giuseppe Bartolucci, "Carmelo Bene o della sovversione", in *Scrittura scenica*, Lerici, Roma 1968, p. 17, p. 19.

30. *Il rosa e il nero, invenzione da* Il Monaco *di M.G. Lewis*, in Carmelo Bene, *Opere con l'Autografia di un ritratto*, Bompiani, Milano 1995, pp. 675-748; cfr. Carmelo Bene, Giancarlo Dotto, *Vita di Carmelo Bene*, cit., pp. 162-173.

31. Come anticipato, anche certi passaggi delle prove de *Il rosa e il nero* (1966) sono stati filmati in *Bis* (1966), cortometraggio girato da Paolo Brunatto con la collaborazione di Mario Masini, filmmaker e direttore della fotografia dei film a venire di Carmelo Bene. Entrambi i cortometraggi e *Bis* (1966) sono stati prodotti da Giorgio Patara per la Documento Film. Alcuni frammenti scenici di *Pinocchio '66 da Collodi* (II edizione) sono documentati da Paolo Brunatto in *Un'ora prima di Amleto + Pinocchio* (1967), cortometraggio dedicato ad Antonin Artaud. A Roma, Brunatto riprende anche l'*Amleto* di Charles Marowitz. Bruno Di Marino,

Sguardo inconscio azione. Cinema sperimentale e underground a Roma (1965-1975), Lithos, Roma 1999.

32. Carmelo Bene, *Le tecniche dell'assenza "Macbeth secondo Carmelo Bene"* (1984, col., 74') https://www.youtube.com/watch?v=m8S6X3AbmKU [ultimo accesso: 12 dicembre 2019].

33. Nel lavoro teatrale di Bene, già a partire da *Il rosa e il nero*, non ci sono personaggi, ma "situazioni" e non ci sono attori/attrici, ma "corpi attoriali".

34. Carmelo Bene, Giancarlo Dotto, *Vita di Carmelo Bene*, cit., p. 167; Carmelo Bene, *Lorenzaccio, al di là di de Musset e Benedetto Varchi* (Firenze Ridotto del Teatro Comunale 1986).

35. *The Brig* di Kenneth Brown è allestito nel 1963 dal Living Theatre. Nel 1964 Jonas Mekas ne trae il film omonimo.

36. Si tratta di Clara Colosimo, Gustavo D'Arpe e di Claudio Orsi.

37. Edoardo Fadini, "La scrittura diretta", *Sipario*, n. 271, novembre 1968, p. 14.

38. *SKMP2* viene proiettato nel dicembre del 1968 alla galleria de L'Attico insieme al film di Alfredo Leonardi *Libro di Santi di Roma Eterna* (1968, 16mm, col., 15') al quale presero parte, tra gli altri, Sylvano Bussotti, Jannis ed Efi Kounellis, Eliseo Mattiacci, Mario Schifano e Pino Pascali. Cfr. Luca Massino Barbero, Francesca Pola (a cura di), *L'Attico di Fabio Sargentini 1966-1978*, catalogo della mostra *L'Attico di Fabio Sargentini 1966-1978*, MACRO 26 ottobre 2011 - 6 febbraio 2011, Electa, Milano 2001, p. 241; cfr. Bruno Di Marino, *Sguardo inconscio azione. Cinema sperimentale e underground a Roma (1965-1975)*, cit., p. 63.

39. Il riferimento all'esperienza diretta non disimplica tuttavia aspetti concettuali, investimenti simbolici che, nel procedimento tecnico-formale di Bene, come si dirà, divengono allegorici.

40. Che gli elementi dell'happening abbiano una funzione *alogica* secondo Michael Kirby «[...] non significa che l'insieme e i particolari non abbiano chiarezza concettuale per l'artista, ma piuttosto che qualsiasi struttura di idee personali usata nella creazione non si trasforma in una struttura di informazione generale». Michael Kirby (a cura di), *Happening, Antologia Illustrata. Scritti e realizzazioni di Jim Dine, Red Grooms, Allan Kaprow, Claes Oldenburg, Robert Withman*, De Donato, Bari 1968, p. 26.

41. Carmelo Bene, Giancarlo Dotto, *Vita di Carmelo Bene*, cit., p. 127. Il Living Theatre è in Italia dal 1961 al 1963 dove presenta *The Connection* e *Many Loves* al Teatro Parioli di Roma, ripresentati al Teatro Carignano di Torino e al Piccolo Teatro di Milano (qui va in scena anche *The Apple*). Vi farà ritorno nel periodo che va dal 1964 al 1966 dando corso a una intensa tournée in molti teatri italiani in cui presenta *The Brig, Mysteries and Smaller Pieces* e *Frankenstein*.

42. Carmelo Bene, *Pinocchio Manon e Proposte per il teatro*, Lerici, Milano 1964, p. 79 e p. 89.

43. Salvatore Vendittelli, *Carmelo Bene tra teatro e spettacolo*, cit., p. 63.

44. *Ivi*, p. 62.

45. Carmelo Bene, *Pinocchio Manon e Proposte per il teatro*, op. cit., p. 95.

46. Alberto Arbasino, *Grazie per le magnifiche rose*, Feltrinelli, Milano 1965, p.424.

47. Maurizio Grande, "Arte e messinscena", in *Bianco e nero*, fascicolo 11/12, 1973, p. 109.

48. Paolo Barozzi, "'Happenings' a New York", Metro, n. 3, 1961, pp. 114-115.

49. *Ivi*, p. 114.

50. Claes Oldenburg, "Autobodys", in Michael Kirby, *Happening*, op. cit., pp. 337-371.

51. Pierluigi Albertoni, "Gli Happenings", *D'Ars Agency*, n. 1, 964, p. 87.

52. Bene ricostruisce il finale di *Addio porco* rivisitazione di *Gregorio: dell'800*. Carmelo Bene, Giancarlo Dotto, op. cit., cit., p. 127

53. Carmelo Bene, Giancarlo Dotto, *Vita di Carmelo Bene*, cit., pp. 127-128.

54. *Ivi*, p. 127.

55. Salvatore Vendittelli, *Carmelo Bene tra teatro e spettacolo*, cit., pp. 23-58.

56. Maurizio Calvesi, "Arte e tempo", *Teatro delle Mostre*, Lerici, Milano 1969 sp.

57. John Dewey, *L'arte come esperienza* (1934), La Nuova Italia, Firenze 1966 (2a ed.).

58. Il catalogo degli eventi *Teatro delle Mostre* che hanno avuto corso dal 6 al 31 maggio 1968, presso la galleria La Tartaruga (Roma), viene editato a distanza di un anno e, non solo in ragione di ciò, ha una forte rilevanza documentaria. Cfr. Alessandra Troncone, *La smaterializzazione dell'arte in Italia 1967-1973*, Postmedia Books, Milano 2014, pp. 78-103.

59. Robert Morris, "Notes on Sculpture Part 2", *Artforum*, n. 2, ottobre 1966, pp. 20-23.

60. Michael Fried, "Art and Objecthood" in *Artforum*, n. 10, giugno 1967 e in Id., *Art and Objecthood. Essays and Reviews*, The University of Chicago Press, Chicago-London 1998, pp. 148-172.

61. Germano Celant, Marcello Rumma (a cura di), catalogo *Arte povera più azioni povere*, Antichi Arsenali della Repubblica, Amalfi, 4 - 6 ottobre 1968. Il contesto è stato documentato in un reportage della RAI sull'arte povera intitolato *Amalfi 1968* realizzato da Achille Bonito Oliva ed Ermidio Greco, *Zoom*, produzione RAI Radiotelevisione Italiana.

62. Ci si riferisce qui alla traduzione italiana in Germano Celant, *Preconistoria 1966-69*, Centro Di, Firenze 1976, pp. 52-53.

Foto di gruppo nello studio di Michelangelo Pistoletto. Da sinistra: Franco Bodini, Mario Ferrero, Plinio Martelli, Tonino De Bernardi, Pia Epremian De Silvestris, Renato Dogliani, persona non identificata, Gabriele Oriani, Renato Ferraro (in piedi), Ugo Nespolo, Enrico Allosio, Franco Giachino Nichot e suo figlio, Paolo Menzio, Maria Pioppi, Michelangelo Pistoletto. Torino, febbraio-marzo 1968. Foto: Claudio Abate. Courtesy Archivio Pistoletto, Fondazione Pistoletto Biella

Corpo / performatività / cinema

Nella seconda metà degli anni Sessanta, all'intersezione tra cinema e arte, l'atto performativo nella sua qualità impermanente prende a essere captato, documentato o realizzato mediante o in funzione della registrazione/inscrizione filmica. Le traiettorie che delineano tale intersezione sono molteplici, eterogenee e contingenti. Si manifestano attraverso differenti impieghi degli apparati mediali entro l'industria culturale e mediante la costruzione di inconsueti immaginari, di culture visuali inedite, di nuove estetiche e di nuove sensibilità capaci di mettere in campo controculture. Così fanno, ad esempio, Gianfranco Baruchello e Alberto Grifi non solo con *Verifica incerta Disperse Exclamatory Phase* (1964-1965, 35mm, col., 43'), ma il primo segnatamente anche con *Perforce* (1968, 16mm, col., 15') e con *Per una giornata di malumore nazionale* (1969, 16mm, col., 24'), il secondo anche con *Transfert per kamera verso Virulentia* (1966-1967, 35mm, col., 20'), con *L'occhio è per così dire l'evoluzione biologica di una lacrima* (1965-1967, 35mm, b/n e col, 30'), con *Autoritratto Auschwitz* (1965-1967, 16mm, b/n, 30') e con *No Stop Grammatica* (1967, 16mm, b/n, 1'30"). Si rilevi, per inciso, che nel periodo che va dal 1967 al 1968 Gianfranco Baruchello e Alberto Grifi - insieme, tra gli altri, ad Alfredo Leonardi, Pia Epremian De Silvestris, Antonio De Bernardi, Franco Angeli, Luca Patella, Umberto Bignardi, Tano Festa, Vincenzo Siniscalchi, Giorgio Turi - scelgono di far parte della Cooperativa del Cinema Indipendente Italiano.

fabio sargentini la invita

ad assistere a l'attico alla

proiezione di alcuni films

su michelangelo pistoletto

venerdi 8 e sabato 9

marzo 1968 dalle ore 19.

Invito ed elenco dei film proiettati a conclusione della personale di Michelangelo Pistoletto a L'Attico, 8-9 marzo 1968

Nel contesto della mostra *Fuoco. Immagine, Acqua, Terra* (L'Attico, giugno 1967) curata da Maurizio Calvesi e Alberto Boatto[1], nelle pratiche dei vari artisti prendono forma aspetti performativi inerenti al gesto espositivo, nel quale si evidenzia una riflessione che concerne la spazializzazione delle immagini-movimento e la temporalità dell'immagine. Pensando alla scelta espositiva qui operata da Mario Schifano, che consiste nella proiezione di due film del 1967, *Made in U.S.A* e *Silenzio* (su uno schermo-telone triplice, posto su una parete «di cui solo una sezione viene riempita»), Boatto scrive:

Se la realtà è simile a tanti nastri scorrenti davanti ad un obiettivo, per afferrarne un'immagine occorre rapidità di presa, ed allora il ricalco dell'immagine sulla tela va benissimo per fissarla e smaterializzandola conservare la sua leggerezza; l'atto risulta pari alla velocità dei nastri.

I films di:
(in ordine fotografico da sinistra a destra)

Mario Ferrero
Michelangelo andrà all'inferno.
16 mm. bianconero 10 minuti.

Plinio Martelli
Maria Fotografia.
16 mm. bianconero 18 minuti.

Antonio De Bernardi
La vestizione.
8 mm. colore 25 minuti.

Pia Epremiam
Pistoletto & Sotheby.
8 mm. colore 25 minuti.

Renato Dogliani
Il giornale.
8 mm. colore 10 minuti.

Gabriele Oriani
Float.
8 mm. colore 20 minuti.

Renato Ferraro
Comunicato speciale.
16 mm. colore 8 minuti.

Ugo Nespolo
Buongiorno Michelangelo.
16 mm. bianconero e colore 25 minuti.

Marisa Merz
. . . .
16 mm. bianconero 3 minuti.

Franco Giachino Nichot
(bianconeri di Cesare Tacchi)
Vernissage.
8 mm. colore 15 minuti.

Paolo Menzio
Frankenstein Prossimamente.
16 mm. bianconero 25 minuti.

Ma accanto alla rapidità della presa, [vi è] la necessità di sottolineare la provvisorietà dell'immagine, di allontanarla [...]. Passare ora al cinema non è che uno sconfinamento logico, disporre cioè di un obiettivo più aderente al trascorrere del mondo su cui si è affacciata la sua pittura, allargare la partecipazione ad una pluralità d'immagini.

Boatto rileva come l'intervento performativo intrinseco all'opera presentata da Schifano si manifesti in una mutazione di contenuto, di materia espressiva e di forma «passando dalla [flagranza] dell'albero inquadrato dal parabrezza, alla sfigurata realtà di una guerra di sopraffazione»[2].

A Roma, alla fine del 1967, Mario Schifano organizza per più giorni, al Teatro di via Belsiana, *Esperienza*, evento che consiste nella proiezione dei propri film - *Serata* (1967, 16mm, col.), *Anna Carini in agosto vista dalle farfalle* (1967, 16mm, col.) e *Souvenir* (16mm, b/n, 11') - del film di Gerry Malanga, *Patrizia Ruspoli*, e dove

Patella presenta in modalità performativa *Biglietto d'Autobus*, «performance con una serie di slide su doppio schermo»[3]. Tano Festa e Franco Angeli vi presentano rispettivamente proiezioni di oggetti e il film *Giornate di lettura* (1967-1968, 8mm, col., 11')[4].

Dalle pratiche degli artisti, dai progetti espositivi, dai discorsi curatoriali emerge una connessione tra azione performativa e captazione filmica che si concreta in forma cinematografica secondo una peculiare modalità di cinema d'artista[5]. Ciò accade, ad esempio, nella pratica di Michelangelo Pistoletto che collabora con i filmmaker della Cooperativa del Cinema Indipendente e, tra gli altri, con Pia Epremian, Antonio De Bernardi, Mario Ferrero i quali, per la sua mostra personale a L'Attico (febbraio-marzo 1968)[6] realizzano rispettivamente i film *Pistoletto & Sotheby* (1968, 8mm, col., 25'), *La vestizione* (1968, 8mm col., 29'), *Michelangelo andrà all'inferno* (16mm col. 10', il film è perduto)[7]. Come si è anticipato, nel 1968 Luca Patella, sempre per la galleria L'Attico, realizza il già citato *SKMP2* (16mm, b/n e col., 30') che viene proiettato insieme al film di Alfredo Leonardi *Libro di Santi di Roma Eterna* (16mm, col., 15') al quale prendono parte, tra gli altri, Sylvano Bussotti, Jannis ed Efi Kounellis, Eliseo Mattiacci, Mario Schifano e Pino Pascali.

Questo e molto altro accade tra il 1967 e il 1968, quando Carmelo Bene è (soprattutto) impegnato nel progetto filmico *Nostra Signora dei Turchi*, in cui il confronto con l'arte contemporanea è attivo anche se, come si dirà, indiretto. Tale confronto critico si espliciterà l'anno successivo nel film *Capricci*[8]. Il film è stato girato nel marzo 1969 e presentato alla *Quinziane des Réalisateurs* a Cannes. In quello stesso anno Bene prende parte, con Alexandra Stewart, a *Umano non umano* di Mario Schifano[9] dove, in un modulo performativo, porta automaticamente sul corpo della Stewart il movimento/contro-movimento del coprire e dello scoprire; il medesimo gesto che nella versione teatrale di *Arden of Feversham* (1965) sarà attivato nella situazione chiamata "Alice" (Rosabianca Scerrino)[10].

Nostra Signora dei Turchi 1966 (Teatro Beat 72, Roma)

Tuttavia, come si diceva [cfr., pp. 16-17], la tangenza della ricerca di Bene con le pratiche artistiche in forma di happening e performance sembra essere anticipativa e si produce per vie "irregolari", dal 1961 al 1963, al Teatro Laboratorio dove il "teatro" si espone mostrando tanto la qualità di "effemeride" dell'arte contemporanea quanto il proprio coefficiente performativo che non coincide con la performance art la quale, comunque, in Italia si dispiega pienamente solo nel corso degli anni Settanta.

La ricerca di Carmelo Bene ha a che vedere con l'emergenza del corpo e della corporeità nelle arti visive e nel cinema (non solo in quello indipendente e underground), ma la sua attenzione concerne la messa in atto del corpo, ossia ciò che performativamente lo attiva e identifica. La ricezione critica testimonia a teatro i «movimenti accelerati e sconnessi del corpo [...], la vestizione gestuale [dell']uso della voce» come «segno di

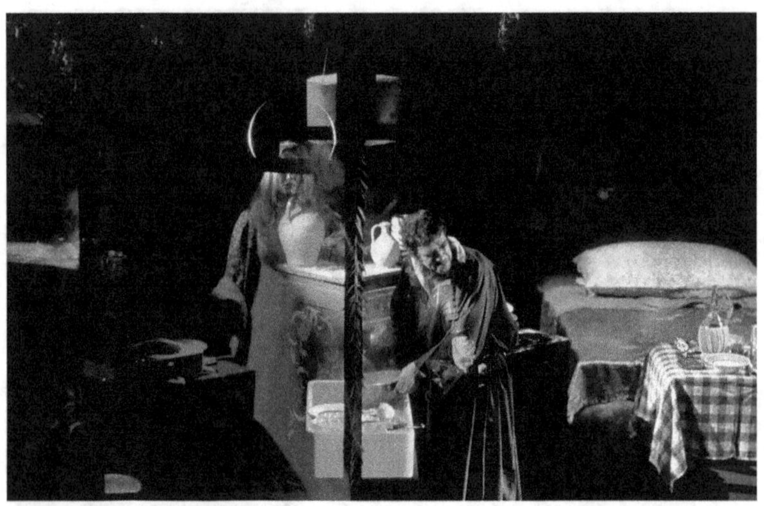

Nostra Signora dei Turchi 1973 (Teatro delle Arti, Roma)
Courtesy Archivio Claudio Abate

afasia permanente»[11], le stasi e le differenti velocità (ritmo) del movimento, le tensioni e le distensioni tra un momento e l'altro.

Bene fa del corpo proprio, in modo radicale, il *locus* della disidentificazione. Anche in tal senso, il "corpo" diviene il campo teorico dell'opera beniana. Nella seconda metà degli anni Sessanta, non solo la dimensione performativa è captata nel suo fare cinematografico, al di qua e al di là della macchina da presa, ma in *Nostra Signora dei Turchi* si rivela quale sottotesto. L'essere simultaneamente attore e regista, l'essere *al di qua e al di là della macchina da presa* porta a evidenza come attraverso il medium cinematografico Bene sperimenti non tanto la performatività rispetto alla registrazione/montaggio, quanto piuttosto riconduca la registrazione/montaggio alla performatività.

Nel contesto in cui la ricerca di Bene si situa, è operante una connessione tra azione performativa e captazione filmica secondo le modalità del "cinema d'artista" e non solo. Talvolta la dimensione performativa è, per così dire, intrinseca al mezzo

Nostra Signora dei Turchi 1973, Lydia Mancinelli e Carmelo Bene (Teatro delle Arti, Roma)
Foto: Archivio Claudio Abate

di captazione perché si dà o si produce filmicamente, talaltra, invece, viene registrata ed è oggetto di captazione di ciò che accade davanti al dispositivo di ripresa: la differenza consiste nel far diventare il mezzo parte dell'azione performativa o nel far essere il mezzo strumento documentario di qualcosa che si pensa essere indipendente dalla presenza del mezzo stesso, ma che nondimeno fa leva proprio sulla sua forza di captazione.

L'interesse di Bene per il mezzo cinematografico concerne il suo intrinseco dispositivo in quanto questo rende possibile la captazione della performatività: «[...] il montaggio deve esserci ben prima del momento in cui si incollano dei pezzi di pellicola»; quando «il montaggio avviene nello stesso istante delle riprese [...] la registrazione diventa [...] l'avvenimento»[12]. Quest'ultimo si dà anche quando i movimenti di macchina attivatori del montaggio ne dischiudono un ulteriore piano performativo quale atto critico e scrutinio del girato. Non per caso Bene sostiene: «Sopprimiamo l'intervallo tra l'agente e l'avvenimento e in questo modo lo spettatore potrà dissentire - senza basarsi su una relazione mentale - ma lasciando la sala di proiezione»[13].

Rilevante è l'uso della cinepresa a mano che conferisce al movimento di macchina una valenza *quasi* corporea, poi *reinscritta* in fase di montaggio. Ma si tratta anche, anzi soprattutto, di montare una cinepresa sul corpo del performer; questo rileva Gilles Deleuze quando si riferisce al circuito cinema-corpo-pensiero e all'immagine-cristallo. Sostiene Deleuze che "dare" un corpo, montare una cinepresa sul corpo acquista, nel cinema di Bene, un altro senso: «non si tratta più di seguire e inseguire il corpo quotidiano, ma di farlo passare attraverso una cerimonia, di introdurlo in una gabbia di vetro o di cristallo, di imporgli un carnevale, una mascherata che ne fa un corpo grottesco, ma ne estrae anche un corpo grazioso o glorioso, per giungere infine alla scomparsa del corpo visibile»[14]. L'inquadratura è la «gabbia di vetro o di cristallo» in cui Bene introduce il (proprio) corpo attoriale per oggettivarlo in un rituale dalle complesse

Nostra Signora dei Turchi 1968 (film 124'). Video still. Courtesy Fondazione Centro Sperimentale di Cinematografia, Cineteca Nazionale di Roma

apparenze immaginative che concernono la morte "esperita" da un *ancora* vivo. Un rituale, piuttosto che un «carnevale», attraverso cui il corpo performativo prende a trasformarsi in un corpo cinematico-macchinico, automatico, inorganico.

Ciò che assume rilievo è lo sguardo come gesto, gesto che tocca; un osservare/vedere mediato dalla macchina da presa che inquadra attraverso la mano dell'operatore generando l'immagine in cui si inscrive e di cui è dinamicamente parte. Una modalità "gesturale" che in *Nostra Signora dei Turchi* rimanda al cinema diretto o, come Bene stesso esplicita, al *cinéma vérité*.

L'analisi di *Nostra Signora dei Turchi* rivela come le "zone contestative" (evidenziate da Bartolucci), da cui Carmelo Bene parte, sembrino connettere i territori divisi intersecati dalla sua pratica (letteratura, teatro e cinema) con le ricerche artistiche e etno-antropologiche coeve.

Nel lavoro di Bene, i processi performativi si attivano sulla base di un dissidio culturale, di un dis-ordine autoindotto irriducibile e inconciliabile di cui il corpo proprio dell'attore/performer è il medium e, simultaneamente, l'oggetto, il soggetto e il luogo in cui il dissidio si produce. L'atto performativo, che prevede un rigoroso *training*, esplicita degli automatismi comportamentali; non prepara i punti di innesco per l'improvvisazione, ma rivela un processo creativo permanente che produce diverse intensità e differenti gradi di tensione/distensione proprio quando, nell'esposizione della corporeità, nel suo farsi "teatro", è insito un lavoro di autodecostruzione che investe il corpo biologico e il corpo identitario.

Il vuoto concerne su molti piani la pratica beniana. Giuseppe Bartolucci (1968) scriveva: «Carmelo Bene comincia dove c'è il vuoto [...], sulle soglie degli anni Sessanta, nel momento in cui troppi continuavano ad esaltare il proprio lavoro, in una direzione storicistica che a poco a poco avrebbe ristretto il margine di esperienza e di ricerca, per eccessiva fiducia nel rapporto storia-uomo, società-individuo»[15].

Diversamente da quanto pensa Bartolucci, rispetto alla cultura (non solo teatrale) del periodo, Bene non sembra combattere quel vuoto, ma abitarlo: di qui il clamore, lo scandalo, il trauma, la radicalità di una *non appartenenza*. La stessa che Pino Pascali, nel corso dell'intervista raccolta da Carla Lonzi (1969), rivendica rilevando criticamente le differenti dinamiche culturali dell'Europa e del Nord America e affermando il proprio non appartenere né a un mondo né all'altro. La verifica che la possibilità di esistenza del "patrimonio di immagini" europeo concerna, in quella contingenza, una discontinuità della storia è dettata dal sospetto/certezza che quella possibilità di esistere *ancora* sia una finzione. Pascali infatti sostiene:

> Dietro, abbiamo una specie d'archivio in cui sono catalogati certi fatti, i Musei in cui ci sono certe sculture, dei materiali che abbiamo usato e, intorno a noi, non c'è un mondo, non c'è una civiltà di cui noi possiamo assumerci la responsabilità con un nostro gesto. Quello che veramente credo è che intorno non c'è nulla [...], so che intorno non c'è nulla e uno sta al centro di questo spazio ai cui confini esistono delle cose [...]. È un posto nel vuoto [...] ma uno rimane in quel posto nel vuoto anche se va in un altro posto [...][16].

Per Carmelo Bene il vuoto diviene la complessa posta in gioco del proprio lavoro. Non solo dunque constatazione critica di una non appartenenza. Si tratta, in effetti, di una presa di posizione. Il "posto nel vuoto" è la scoperta (i cui effetti si rifrangono su molteplici piani) che i momenti di discontinuità della storia - sentiti e studiati attraverso quella che Fredric Jameson definirebbe una "testualizzazione del mondo"[17] - sembrano rendere plasticamente evidente come la "(re)invenzione di civiltà" mostri i caratteri endogeni ed esogeni di una colonizzazione culturale. A ciò accennava, entro l'orizzonte della pratica artistica, Pino Pascali e ciò accadeva sia in rapporto alla cultura nazionale sia in reazione/ relazione a quelle nordamericane la cui egemonia si manifestava attraverso precise strategie di mercato e gruppi di pressione.

Non solo. Il "posto vuoto" è figura, marca, del potere che agisce *nel* e *col* linguaggio tanto sul piano della performatività (del fare cose con le parole) quanto sul piano dell'enunciazione (delle formazioni discorsive)[18] e in relazione al dire, verbale e non verbale. Potere dell'intersoggettività che si manifesta nelle sue dominanti biopolitiche e che si rende effettivo in situazioni e contesti in cui assume una capacità di agire e di far agire. Così, in tale esercizio e con tale capacità, il potere intersoggettivo si produce come forza contingente, genera realtà. Si produce come forza che fa agire il linguaggio mediante chi parla, ma chi parla lo fa dal posto vuoto che viene di contingenza in contingenza a occupare. Carmelo Bene lavora su tale "dispositivo" e su termini chiave quali "io", "soggetto", "linguaggio", "corpo".

Quel che emerge è una correlazione tra il piano linguistico della performatività - capacità di azione, di produrre realtà - e il dispiegamento dell'atto che rimanda al teatro e ai corpi.

Questo nesso si ritrova esplicitato nella ricerca teorica di Judith Butler: «[...] una riconsiderazione dell'atto di discorso come istanza di potere richiama immancabilmente l'attenzione sia sulla dimensione teatrale sia su quella linguistica». Butler ha cercato di evidenziare che «[...] l'atto del discorso è allo stesso tempo una performance (e dunque è teatrale, presentato a un pubblico, soggetto a interpretazione) e qualcosa che agisce nel linguaggio, perché provoca una serie di effetti attraverso la sua relazione implicita con le convenzioni linguistiche. Se il problema è capire come una teoria dell'atto di discorso sia collegata ai gesti del corpo, basta solo pensare al fatto che il discorso stesso è un atto del corpo con specifiche conseguenze linguistiche»[19].

A partire dal teatro, nel corso dei primi anni Sessanta, per Carmelo Bene "il posto vuoto" è una scoperta. Simultaneamente, "il fare il vuoto" è l'esercizio critico che ne discende e che dischiude un campo operazionale in cui il corpo sovverte l'azione e l'atto secondo modalità erratiche e irregolari, sino allo scandalo (sempre premeditato). In questa fase, ancorché per vie autonome, come si è detto, il *modus operandi* assume i caratteri dell'happening.

L'attenzione critica che muove il discorso sul "contemporaneo" messo in campo da Bene si palesa anche nel congedo dal teatro o, più precisamente, nel passaggio al cinema tra il 1968 e il 1972-1973 dopo la sottoscrizione del documento collettivo del Convegno sul Nuovo Teatro tenutosi a Ivrea nel 1967 in cui si poneva a tema la mutazione del teatro in scrittura scenica, in laboratorio, in ricerca[20].

L'intento di Carmelo Bene non era quello di fare teatro con altri "altri mezzi" e il suo interesse non era basato sull'ipotesi (sposata invece da Mario Schifano) che attraverso il cinema si potesse dire qualcosa di più; la sua ricerca si innerva invece e propriamente in ciò che passa (*in-between*) o scarta dal teatro al cinema (e viceversa)[21], nella differenza della modalità generativa dell'immagine, nel lavoro sulla forma che il mezzo cinematografico richiede e che riguarda il processo di esteriorizzazione dell'immagine mentale, la captazione degli eventi performativi e la loro iscrizione memoriale.

L'erraticità degli interessi e della ricerca di Carmelo Bene sembra essere mossa da una particolare radicalità che investe i modi in cui il potere si manifesta attraverso i comportamenti intersoggettivi nella vita come nell'arte. Attraverso tale radicalità la sua attenzione si concentra sull'azione performativa e sui corpi performanti. Nel contesto artistico italiano, invece, l'interesse portato sulla dimensione performativa sembra concernere intrinsecamente al "mondo dell'arte" ed essere orientato alla decostruzione della pratica artistica in sé, come testimoniano una serie di progetti espositivi.

Il processo di deterritorializzazione/riterritorializzazione delle arti e dell'arte[22] messo in atto già nei primissimi anni Sessanta da Carmelo Bene nel corso della propria ricerca ha un innesco biopolitico che in *Nostra Signora dei Turchi* si evidenzia nell'interesse antropologico per le culture del "Sud del sud". Tale messa in atto si estrinseca attraverso modalità enunciative che investono la corporeità/corporalità e, per questa via, sono riconducibili ai dispositivi dell'happening e della performance già sperimentati a teatro che, lo si ripete, nel contesto artistico newyorkese avevano oramai trovato definizione, mentre in Italia erano ancora allo stato aurorale.

Dell'happening si è detto [cfr., pp. 39-64]. Della performance, non in quanto ambito disciplinare specifico, ma quale campo teorico e come atto - come si è anticipato e come si approfondirà - Bene indaga il dispositivo, ossia i modi di manifestazione della "performatività" (*behavior*, condotta, *habitus*) e ne osserva i meccanismi intersoggettivi tanto nell'"arte" quanto nella "vita". Egli analizza la performatività nella sua dimensione biopolitica e prova a decostruire la "forza" che vi si esprime. Una "forza" performativa capace di «produrre realtà»[23] nel contesto istituzionale[24] e nella situazione culturale che la rendono possibile. Come rileva Derrida (1971), il "performativo" traduce, trasforma una situazione, *opera*[25]. In tal senso, rispetto al dire e al detto, si tratta di cogliere e riconoscere ciò che, nella dimensione performativa degli atti enunciativi linguistici e non linguistici, si fa col dire. L'happening e la performance divengono modalità operative attraverso cui sperimentare in che modo l'enunciazione sia di più di un atto di parola; essi sono strumenti che in Italia, nel corso degli anni Sessanta, Bene mette al lavoro *tra* letteratura, teatro e cinema rispetto ai quali la corporeità/corporalità si fa varco trasformativo interdisciplinare. In tal senso, la versione filmica di *Nostra Signora dei Turchi* potrà essere letta/vista qui come documento della pratica beniana nel corso di quel decennio. Il film si fa da un lato archivio del metodo operazionale di Carmelo Bene e dall'altro si fa traccia di ciò che si gioca in un corpo e di ciò che il corpo sovverte rivolgendoli contro l'*habitus*, la condotta, l'intersoggettività in cui il corpo stesso è catturato e da cui prende a sottrarsi.

Sino alla fine degli anni Sessanta, nell'ambito artistico italiano, i termini "performance" e "comportamento" vengono usati in modo interscambiabile e implicano, quali elementi caratterizzanti, la presenza corporea o, più precisamente, la presenza *live* dei corpi e il contesto o la situazione ambientale (interni ed esterni agli spazi espositivi di musei o gallerie) in cui tale presenza si manifesta[26]. A Roma, in quello stesso periodo, Pino Pascali, Jannis Kounellis, Pier Paolo Calzolari, Gino De Dominicis, Giosetta Fioroni, Franco Angeli, Renato Mambor utilizzano tra le loro pratiche anche la forma performativa.

Negli anni Settanta, nel corso del processo di attestazione della performance, Renato Barilli nel suo tentativo di definizione e di classificazione sostiene:

È infatti fondamentale al concetto di *performance*, come già a quello di comportamento, l'indicare la presenza totale dell'operatore, corpo e mente, protesi naturali (mani, gambe, organi sensoriali) e protesi artificiali (i vari strumenti), impegnati per eseguire qualcosa fino in fondo, staccandosi in ciò dalla routine incolore di tutti i giorni, senza tuttavia portarsi necessariamente nell'area attrezzata e specialistica dello spettacolo vero e proprio. Ma conta soprattutto l'idea di esserci dentro per intero, vale a dire, di rifiutare le varie forme di delega e di riduzione che fin qui apparivano inevitabili, soprattutto nelle arti visive[27].

Si rilevi, per inciso, come nel prosieguo del proprio argomentare Barilli metta in rilievo la capacità di captazione dell'evento performativo da parte delle tecnologie mediali fotografiche, cinematografiche e videografiche, ponendo in evidenza la relazione tra l'uso degli apparati tecnologici (soprattutto videografici) e la diffusione della performance.

La capacità di captazione delle tecnologie audiovisive era stata utilizzata come strumento, per così dire, di "auto-videosorveglianza" nelle prime performance di Bruce Nauman in cui il corpo proprio veniva oggettivato in un corpo performante, chiuso nello spazio-tempo di un atelier in cui riprodurre azioni quali camminare, saltare, battere i piedi[28] o mettere in atto esercizi insensati, improduttivi e ripetuti oppure attivare in modo automatico comportamenti prescritti secondo azioni e movimenti coreografati in precisi tracciati oppure, ancora, lavorare sulla mimica facciale attraverso deformazioni del volto in primissimo piano. In *Stamping in the Studio*, *Bouncing in the Corner*, *Walk with Contrapposto*, *Slow Angle Walk (Beckett Walk)*, (1968), *Revolving Upside Down*, *Manipulating a Fluorescent Tube* (1969), attraverso la messa in atto di una gestualità controllata e captata da dispositivi audiovisivi, Nauman sembra lavorare decostruttivamente sulle teorie del comportamentismo nel contesto nordamericano.

Per Carmelo Bene si tratta piuttosto di una esplorazione delle "tecnologie del Sé" attraverso il filtro reale/immaginario dell'autobiografia; è un mettersi alla prova attraverso il processo della scrittura filmica di *Nostra Signora dei Turchi* in cui egli (si) misura (con) la necessità non tanto e non solo di rendere visibile un'immagine mentale esteriorizzandola, quanto di configurare e di mettere in atto *l'immagine*. Questo processo implica in maniera simultanea il filmante e il filmato nell'elaborazione, nell'esecuzione e nell'iscrizione dell'immagine. Egli qui mette in relazione culture eterogenee giustapponendo le culture visive artistiche contemporanee e la cultura visuale etno-antropologica. In questa "prova" Carmelo Bene, attraverso altre immagini presentate come documenti etnografici, ritrova comportamenti rituali/cerimoniali in situazioni ricostruite artificialmente (rappresentate) oppure captate in modo impositivo/intrusivo e dalla cui presa criticamente si libera. Diversamente, a metà degli anni Sessanta, al centro di uno straordinario incrocio di pratiche artistiche, Pino Pascali pone attenzione con un interesse ritrovato agli elementi e agli strumenti nelle culture agricole del sud (*Gruppo di Attrezzi agricoli*, 1968).

Nel corso di alcune interviste, nel contesto socio-politico della fine degli anni Sessanta, Carmelo Bene, in chiave critica e con *vis* polemica, esplicita la misura antropologica del proprio interesse per i "dispositivi" e per l'intersoggettività, in risposta a tutto ciò che in un tempo (meta)storico sviluppa il potere «di catturare, orientare, determinare, intercettare, modellare, controllare e assicurare i gesti, le condotte, le opinioni e i discorsi»[29]. Dispositivi e intersoggettività visti all'opera, in pieno Sessantotto - attraverso un prisma di rappresentazioni di ritorno - nelle culture e nei comportamenti rituali del "Sud del sud" (nel Salento dove Bene è nato) ormai scomparsi in forza degli effetti della riforma agraria e della diffusione del turismo di massa.

A partire dalla seconda metà degli Cinquanta, in una fase in cui si manifestano gli effetti della profonda mutazione socio-culturale che aveva segnato per l'Italia il passaggio da un sistema economico agrario a uno protoindustriale, in un altro ambito della cultura visuale, quello etno-antropologico, veniva messa a fuoco la ricerca sulle modalità comportamentali. Gli studi antropologici si concentrarono in particolare sui comportamenti rituali e cerimoniali del Sud

Italia, oggetto privilegiato delle note ricerche di Ernesto de Martino. Attraverso lo studio della corporeità e segnatamente della corporeità rituale, affioravano forme di resistenza a disposizioni costrittive (economiche, sociali, di genere) dispiegate in differenti situazioni quotidiane[30] e in diversi contesti, soprattutto pubblici e religiosi.

Nel Salento, terra natale di Carmelo Bene[31], l'équipe di de Martino svolse "sul campo" una ricerca sul tarantismo i cui esiti confluirono ne *La terra del rimorso* (1961)[32]. Il fenomeno era stato oggetto di attenzione sin dai primi anni Cinquanta e fu documentato, in diverse forme, dagli studi etnografici *stricto sensu* e da numerosi reportage fotografici. La ricerca etno-antropologica, tra la fine degli anni Cinquanta e i primi anni Sessanta, su piani differenziati, aveva preso a includere la fotografia e, soprattutto, il cinema tanto quali strumenti di documentazione - in particolare per la rilevazione e la raccolta di testimonianze (come accade con *La taranta* 1962 di Gianfranco Mingozzi) a conclusione di una ricerca e solo raramente durante lo studio etnografico in atto[33] - quanto quali mezzi di diffusione della ricerca stessa.

La ritualità, in queste riprese cinematografiche, era quasi sempre riprodotta, ricostruita, "re-re-citata" in funzione della registrazione. Clara Gallini rileva: «La ricostruzione del rito diventava [...] un preciso espediente che consentiva un grado di elaborazione formale sulla materia indubbiamente più forte che se si fosse realisticamente operato sul documento vivo». Vi è, sempre secondo Gallini, «l'intento archeologico di registrare le forme di un dato comportamento sociale e culturale dei contadini del Sud» in un contesto in cui, in quello scorcio di anni, «lo statuto spurio del documentario» ne sospende l'ontologia a metà tra «testimonianza» e «arte»[37]. Sulle tracce di un mondo in via di sparizione si dischiude un interesse «[...] per la forma stessa delle sue immagini e per la possibilità, da loro offerta, di compiere su di essa un'operazione formale»[38].

Gallini sottolinea come nei «gradi diversi di formalizzazione» del documentario *Stendalì - Suonano ancora* (1960), cui collaborò Pier Paolo Pasolini[39], Cecilia Mangini pensasse «ai sovietici e a Dreyer»[40].

Nel complesso, l'interesse per lo studio delle "residualità" culturali nei comportamenti rituali e cerimoniali - nel compianto, nei modi di affrontare la malattia, nella festa religiosa - non si attiva quale riflessione critica sulle culture arcaiche e sulla condizione contadina, quanto piuttosto come attenzione per la ricerca demartiniana in sé. «Crisi della presenza»[41] è il concetto chiave della ricerca etno-antropologica di de Martino. Lo studio della crisi della presenza in chiave storica implica la registrazione analitica delle tecniche atte a «[...] proteggere la presenza dal rischio di non essere nel mondo»[42].

Ernesto de Martino studiava, nelle «aree di sopravvivenza», le forme di trasmissione dell'esperienza capaci di restituire sia «[...] lo spettacolo di due mondi, il cristiano e il pagano, che coesistono senza mescolarsi» (ad esempio le antiche lamentazioni e preghiere nel culto dei morti o le pratiche magiche in Lucania)[43] sia le persistenze cultuali pagane nella cultura popolare del cattolicesimo (come l'esecuzione coreutica e i punti di caduta nella trance del tarantismo)[44].

Con modalità differenti e con valenze diverse, tanto nella pratica cinematografica di Pasolini quanto in quella di Bene è al lavoro una «antropologia delle sopravvivenze»[45].

L'esposizione filmica dei «corps des peuples» che Pasolini opera è ricondotta da Georges Didi-Huberman alla ricerca di de Martino:

Or, c'est dans l'observation phénoménologique des *corps* qu'Ernesto de Martino – héritier à ce titre des travaux d'Aby Warburg ou de Marcel Mauss – trouve le matériau fondamental de son analyse: gestes, affects, techniques corporelles mises en oeuvre dans les salutations, les jeux, les danses ou les processions religieuses, tout cela formant le véhicule, à chaque fois singulier, d'un rapport général au monde[46].

In particolare, Didi-Huberman relaziona la nota fotografia di Franco Pinna, titolata didascalicamente "Esplosione parossistica controllata in lamento funebre artificiale. Pisticci. (Lucania)", che fa parte dell'*atlas* iconografico demartiniano sul lamento funebre, con la configurazione della *Mater dolorosa* nel *Vangelo secondo Matteo*[47]. Tale attenzione è volta a cogliere il rilievo dialettico dell'immagine (nell'accezione di Walter Benjamin)[48] non solo nella messa in figura del compianto di Maria, ma anche nella pratica cinematografica tutta di Pasolini il quale, sostiene Didi-Huberman: «Conosceva il carattere indistruttibile, talora trasmesso, talora invisibile ma latente, talaltra riaffiorante, delle immagini in perpetua metamorfosi. È ciò che appare fino nei suoi film più "contemporanei"»- [Didi-Huberman pensa], ad esempio, ai gesti di Laura Betti in *Teorema*[49].

Tra teatro e cinema, nella ricerca di Bene l'esposizione del corpo proprio - mediante la quale si costruisce e, insieme, decostruisce la sua pratica performativa - sembra derivare dalla elaborazione di azioni mimetiche o da ri-esecuzioni artificiali di gesti rituali. Come si evince dalla variante filmica di *Nostra Signora dei Turchi*, si tratta di un doppio piano: tale elaborazione da un lato deriva da un esperito culturale inerente al piano della teoria beniania sulla corporeità/performatività, dall'altro concerne il piano del lavoro di esteriorizzazione delle immagini mentali attraverso immagini-cliché, in questo caso immagini di ritorno di corpi rituali soggetti alla rappresentazione etnografica. Si tratta di un doppio piano che si complica attraverso espansioni e rinvii da un piano all'altro. Gli atti performativi della versione filmica di *Nostra Signora dei Turchi*, come si dirà, [cfr., pp. 87-97], infatti, sottendono sequenze comportamentali riconducibili ad alcune immagini fotografiche e filmiche etno-antropologiche che hanno documentato, per conto dell'équipe di de Martino, l'esecuzione artificiale di rituali o di epifenomeni magici. Riemerge qui il problema dell'archivio e dell'assenza delle fonti visive che, nondimeno, sembrano essere criticamente implicate

- riprese, riconfigurate, criticate - in certi passaggi del film: esse sono là, nella nuova sequenza d'immagini.

Ma in quale contesto Carmelo Bene può aver ritrovato quel materiale iconografico? Preso congedo dal Salento, tra il 1959 e il 1963 egli vive tra Roma e Firenze (di qui, le già ricordate frequentazioni di Bussotti nel contesto musicale fiorentino) ed è ipotizzabile che a Firenze, nel dicembre 1959, al Festival dei Popoli - rassegna internazionale del film etnografico e sociologico - abbia potuto imbattersi nella mostra fotografica che presentava (al ridotto del Teatro La Pergola) una selezione di quindici fotografie[50] di Franco Pinna tratte dal *corpus* documentale della ricerca multidisciplinare sul tarantismo svolta dall'équipe di de Martino in Salento nel 1959[51]. L'anno successivo, *L'Espresso Mese* (maggio del 1960) pubblica, con il titolo *La Taranta*, un testo di Ernesto de Martino il cui apparato iconografico si compone di dieci immagini sempre tratte dal *corpus* fotografico raccolto da Pinna. Infine, come si è anticipato, nel 1961 viene editato il volume *La terra del rimorso* in cui sono raccolte quarantuno fotografie di Pinna (trentanove scattate in Salento e due in Sardegna) e il cineasta Gianfranco Mingozzi filma (a Nardò e a Galatina) azioni specifiche e generali, sequenze di comportamenti privati e pubblici entro i rituali terapeutici del tarantismo, che comporranno il già citato documentario etnografico *La taranta* (1961)[52]. Come si dirà, alle sequenze comportamentali captate in queste opere filmiche Carmelo Bene sembra ripensare nel momento in cui - nell'estate del 1968 - scegliendo di lavorare sulla visibilità cinematografica di *Nostra Signora dei Turchi* ne configura certi passaggi (segnatamente quello della festa patronale cfr. p. 157, p. 161)[53].

Al di là e al di qua della (meta)storia, il punto di vista di Carmelo Bene sembra essere radicalmente politico secondo una modalità tattica che si trasformerà in metodo, come evidenziato da Gilles Deleuze[54]. Il filosofo analizza su più piani, ancorché indirettamente, la portata performativa della "lingua" in relazione alla "parola" (questione non affrontabile qui) in rapporto al non-linguistico, intenso come il "non verbale", ossia i gesti, gli atteggiamenti, gli oggetti ecc. Deleuze riflette su ciò che trasmette il potere e lo fa circolare, su ciò che gli atti linguistici producono. Pensando al lavoro di Carmelo Bene, egli definisce «stato di variazione continua» sia il movimento in cui la lingua tende a sottrarsi al «sistema di Potere che la struttura» sia quello in cui l'azione sfugge «al Dominio che l'organizza»[55].

Deleuze sottolinea come la critica italiana avesse dimostrato in che modo nella pratica di Carmelo Bene «convergano un lavoro di "afasia" sulla lingua (dizione bisbigliata, balbettante o deformata, suoni appena percettibili o assordanti) e un lavoro d'"impedimento" sulle cose e sui gesti (costumi che ostacolano i movimenti invece di assecondarli, accessori che intralciano lo spostarsi [...])». Ma lo evidenzia per esplicitare che

> [...] questo doppio principio di afasia e di impedimento svela rapporti di forza in cui ogni corpo ostacola il corpo dell'altro, come ogni volontà ostacola quella degli altri [...]. C'è altro, più che un gioco di opposizioni che ci ricondurrebbe al sistema del potere e del dominio. Il fatto è che, con il continuo impedimento, i gesti e i movimenti sono messi in una situazione di variazione continua, gli uni in rapporto agli altri e ognuno in rapporto a se stesso, proprio come le voci e gli elementi linguistici sono portati in questo centro della variazione. [...] L'abito messo e smesso, che cade e che viene rialzato, è come la variazione del vestito. Oppure la variazione dei fiori, che occupa tanto posto in Carmelo Bene. E, infatti, vi sono pochissimi scontri e opposizioni nel teatro di Bene. [...] I conflitti non interessano [...] Sono solo un supporto per la Variazione[57].

Deleuze vede come nella pratica teatrale *e* cinematografica beniana sia all'opera un metodo della sottrazione e della variazione. La sottrazione investe ed erode dall'interno il testo, i turni conversazionali/il dialogo, la dizione/azione e tocca gli oggetti/cose. La variazione agisce modificando, trasformando gli elementi intensificandoli e, si aggiunga, viene attivata a partire da un automatismo comportamentale rispetto al quale e dal quale i corpi degli attori/performer producono variabili che possono intaccarlo se non decostruirlo.

Vi è da sempre nel lavoro di Bene una radicalità politica che concerne «storia e antistoricismo» o, più precisamente, «l'elemento antistorico nella storia» e questo - come sottolinea Deleuze - ha a che vedere con «[...] coloro di cui la Storia non tiene conto» .

La versione filmica di *Nostra Signora dei Turchi* raccoglie tale radicalità che in pieno Sessantotto, come evidenziato dalle interviste rilasciate in quel periodo, non è - in molti sensi - compresa. Eppure, come si evince da quelle stesse interviste, Carmelo Bene tatticamente mette a tema la dimensione antropologica del suo lavoro. Bene sostiene: «Mi interessa la misura antropologica, non altro, gli statuti interni e non quelli esterni»[59]; «[...] sono un antropologo: mi interessa l'uomo da Adamo in poi, e i costumi che ha indossato a partire dal primo, la pelle»[60].

E in merito all'"italianità" di *Nostra Signora dei Turchi*, ancorché con *vis* polemica, dichiara:

> [...] Cosa vuol dire nascere in un paese dove passano le capre dalla mattina alla sera... anagraficamente io sono nato nel capo del Sud d'Italia, in un villaggio dove si parla greco, dove non esiste la lingua italiana, nemmeno lontanamente. Non capisco che cosa abbia a che fare io con l'Italia... In quanto ad abitare in Italia... perché ho un pied-à-terre a Roma? Ne ho un altro a Firenze, un altro a Mosca, uno a New York, un altro a Parigi [...].
>
> Nascere in un paese dove si vedono passare solo le capre, non è più l'Italia, può essere la Mancha.
>
> Sono nato in un bel villaggio sprofondato, da dove si vede l'Albania [...]. Puglie, giù giù, dove finisce l'Italia[61].

In *Nostra Signora dei Turchi* Carmelo Bene sembra lavorare - per urgenze biografiche - sui differenti punti di cattura della cultura, in questo caso della sua cultura di provenienza, di cui forse prima "sente" e poi "vede" gli effetti nelle tecniche e negli automatismi di (auto)controllo introiettati dalle persone nei comportamenti quotidiani, ai quali tuttavia esse riescono a opporre una resistenza che si manifesta nell'esecuzione di un'azione rituale. Si tratta degli stessi comportamenti studiati e interpretati da de Martino quali strategie di difesa atte a «[...] proteggere la presenza dal rischio di non essere nel mondo». Nondimeno, Bene rivolta il discorso della comprensione etno-antropologica contro i suoi stessi fondamenti e già a quelle date prende a scegliere l'inattualità dell'esserci, l'assenza, il deserto.

Detto altrimenti, la ricerca di Bene non si produce in qualità d'indagine su un comportamento ritrovato - una gestualità sintomale che persiste attraverso la forma mediale dell'immagine fotografica e filmica [cfr., pp. 154, 177, 159] - ma come sua dissezione, come una disamina della logica performativa sottesa alla sua forma culturale; in ultima istanza come una decostruzione di tecniche e dispositivi intersoggettivi. In tal senso, le uniche fonti interpretabili, autografe ancorché indirette, si tracciano nella versione letteraria e filmica di *Nostra Signora dei Turchi*. Più precisamente, esse assumono rilievo nella differenza tra le due versioni, letteraria e filmica, posto che la dimensione evenemenziale delle varianti teatrali non è ricostruibile.

Un altro snodo possibile dell'attenzione di Bene all'antropologia o, più precisamente, all'antropologia delle immagini, potrebbe aver preso le mosse dall'esperienza cinematografica condivisa con Pier Paolo Pasolini sul set di *Edipo re* (1967).

Distante è la ricerca di Carmelo Bene da quella di Pasolini, eppure la dimensione "antropologica" di certo cinema pasoliniano - i sopralluoghi (*Sopralluoghi* in Palestina per il *Vangelo secondo Matteo* girato nel 1963 e uscito nel 1965), i diari filmati di viaggio, *Appunti per un'Orestiade africana*, (dicembre 1968-febbraio 1969), gli *Appunti per un film sull'India* (1968) e anche il cinema etnografico (la già ricordata collaborazione al documentario *Stendalì - Suonano ancora* di Cecilia Mangini) - può, per vie sotterranee, aver toccato la pratica beniana. Del resto, un'amicizia cara, decisiva, disincantata, di cui poco si sa, lega Bene a Pasolini; amicizia che non si riduce alla collaborazione per l'*Edipo re*, cruciale prova cinematografica (per la definizione dei corpi in immagine, per l'uso della cinepresa a mano, per il *déphasage* voce/corpo, per le soggettive libere indirette ecc.) né all'utilizzo degli stessi attori: Franco Citti, già profeta Jokanaan in *Salomè* da Oscar Wilde (Teatro delle Muse, 1964), Giovanni e Ninetto Davoli nell'*Arden of Feversham* (Teatro Carmelo Bene, 1968)[63].

Didi-Huberman rileva come nel cinema pasoliniano i

[...] films de fiction, à commencer par *Accattone* ou *Mamma Roma*, peuvent se regarder localement, dans le détail de plans, comme des observations ethnographiques sur les corps des peuples.

L'art de Pasolini relèverait, à ce titre, d'une typologie esthétique qu'obsède, ainsi que l'a suggéré Hal Foster, le "retour du réel" et qui, de Robert Smithson à Allan Sekula, aura fait de l'artiste - mais le champ est bien plus vaste, en réalité, que ne le propose la vision trés "américo-centrée" de Hal Foster - un *ethnographe de l'altérité* . Voilà pourquoi le cinéma ethnographique traverse toute l'oeuvre de Pasolini: il y a du Robert Flaherty jusque dans *Uccellacci e uccellini* comme il y a, plus visiblement bien sûr, du Jean Rouch dans *Edipo re*. A chaque fois il s'agit, en effet, de s'approcher des gestes humains, des comportements fondamentaux ; à chaque fois il s'agit de rendre l'altérité - l'Orient, par exemple - dans toute sa crudité, sa proximité et, par conséquent, dans toute sa valeur inquiétante[65].

Come si è detto, nella versione filmica di *Nostra Signora dei Turchi* i "comportamenti" rituali/cerimoniali sembrano essere ritrovati da Carmelo Bene attraverso la dimensione antropologica delle "immagini" (Belting, 2002, 2005).

Dalla medesima prospettiva, Hans Belting evidenzia che «[...] images are neither on the wall (or on the screen) nor in the head alone. They do not *exist* by themselves, but they *happen;* they *take place* whether they are moving images (where this is so obvious) or not. They happen via transmission and perception»[66]. L'interazione tra i corpi e le immagini ("esteriori") secondo Belting include un terzo parametro che egli definisce "medium": un vettore, un agente, ossia «[...] ciò che in francese si chiama *dispositif.* Il mezzo (medium) funziona come un supporto, un attrezzo per l'immagine»[67], quale forma di mediazione dell'immagine. Inoltre, Belting ritiene che «[...] i nostri corpi operino come un mezzo vivente, trattando, ricevendo ed emettendo immagini» (considerando «le nostre menti come parti dei nostri corpi» i quali sono punti di "resistenza" contro processi di acculturazione messi in atto in termini iconoclastici o attraverso la colonizzazione delle immagini). La distinzione tra immagine e medium atterrebbe alla natura inerente alle immagini «come la *presenza di un'assenza*»[68]; esse sono, significano, testimoniano l'assenza di ciò che - attraverso il medium - rendono presente. «[...] Grazie alla virtù dei mezzi nei quali sono prodotte, *possiedono* già la vera *presenza* di ciò che volevano trasmettere. La pietra, il bronzo o la fotografia possiedono [...] l'unica *presenza* possibile, che difatti è l'*assenza* del vero oggetto. Sta qui il paradosso delle immagini - nel fatto che esse *sono* o *significano* la presenza di un'assenza - e questo paradosso è in parte il risultato della nostra capacità di distinguere immagini e mezzi (media)»[69]. La definizione più elementare dello statuto delle immagini è riconducibile al loro essere la presenza di un'assenza: «[...] images *are* present in their media, but they *perform* an absence, which they make visible»[70].

In tale prospettiva, rispetto al sostrato iconografico della versione filmica di *Nostra Signora dei Turchi*, Carmelo Bene sembra non tanto estrarre le immagini dai loro media di provenienza (pittorico, scultoreo, fotografico e cinematografico) che le rende presenti, quanto piuttosto agire sulla loro capacità di "*performare*" l'assenza che rendono visibile. La messa in relazione e la dispersione delle forme configurano un processo trasformativo del visibile attivato dalla manifestazione filmica e che il film non solo rivela, ma anche documenta.

Questo accade sia in relazione a certe reti di sopravvivenza *sub specie imaginis* del fenomeno del tarantismo - di cui non c'è traccia nell'archivio de L'Immemoriale e a cui Bene non fa mai riferimento nelle sue autobiografie - sia in rapporto al ruolo delle immagini pittoriche o scultoree mariane che tanta parte immaginativa hanno svolto nella pedagogia cattolica dei suoi anni d'infanzia, così come i dispositivi liturgici, dei quali invece egli esplicita l'impatto esperienziale. Tali comportamenti *ritrovati* agiscono all'interno di frammentazioni comportamentali che Bene esperisce e capta «in terra d'Otranto, nel sud del sud dei santi», terra della sua nascita anagrafica. È l'antica complessità, l'alterità sopravvivente di sincretismi culturali del Salento - pre-cristianità, cristianità, cattolicesimo - che nel tempo Carmelo Bene sente ed elabora, immagina e costruisce su lacerti biografici attraverso la scrittura dei romanzi *Nostra Signora dei Turchi* (1966), *Credito Italiano V.E.R.D.I.* (1967) e, più tardi, in *A boccaperta, Giuseppe Desa* (1976). Tutto l'esperito di Bene, che filtra in modo indiretto nelle sue auto(bio)grafie, vi è attivo sottotraccia.

Più in profondità, per vie sotterranee, ciò accade anche sul versante artistico in ordine al quale, tuttavia, resta da disimplicare quella che sembra essere un'indagine critica sul comportamento ritrovato o ricupero del comportamento. Rispetto a quest'ultimo, Bene estrae la modalità performativa. In tal modo egli agisce a teatro, come si è visto, sul dispositivo dell'happening e, come si vedrà, nella variante filmica di *Nostra Signora dei Turchi*, egli opera sulle dinamiche regressive di degradazione rituale dei corpi di certo Wiener Aktionismus[72].

La variante filmica esplora un ambito fenomenologico in cui la corporeità/corporalità si installa e si espone su piani che incrociano l'etnografia e l'arte contemporanea. Per Bene si tratta di esporre un corpo non docile, il proprio, e di introdurlo entro un processo di de-costruzione che investe la questione filosofica del Soggetto le cui ramificazioni attraversano tutto il Novecento.

Tra letteratura, teatro e cinema *Nostra Signora dei Turchi* (1966-1973) all'interno dell'intero *opus* beniano è uno dei primi snodi di un percorso durante il quale l'esperienza della corporeità/corporalità inizia scartando dal "corpo attoriale", giunge alla tecnologia della "macchina attoriale" (da *Lorenzaccio*, 1986, all'*Achilleide* 1989-90) e di qui approda al pensiero dell'inorganico (l'ultimo *Pinocchio*, 1999 e *In-vulnerabilità d'Achille*, 2000).

1. Alberto Boatto, "Lo spazio dello spettacolo", (1967), in Massimo Barbero e Francesca Pola (a cura di), catalogo della mostra *L'Attico di Fabio Sargentini 1966-1978*, MACRO 26 ottobre 2011 - 6 febbraio 2011, Electa, Milano 2001, p. 63.

2. Alberto Boatto, "Lo spazio dello spettacolo", cit. 63.

3. Germano Celant, *Preconistoria 1966-69*, cit., p. 247.

4. Germano Celant (a cura di), *Identité italienne. L'art en Italie depuis 1959*, catalogo della mostra, Centre Georges Pompidou, Paris, Centro Di, Firenze 1981, p. 216.

5. Vittorio Fagone (a cura di), *Arte e cinema. Per un catalogo di cinema d'artista in Italia 1965/1977*, Centro Internazionale di Brera, Marsilio, Venezia 1977, p. 51. Cfr. Alberto Farassino, "A proposito di 'artisti di cinema'", in Vittorio Fagone, *Arte e cinema. Per un catalogo di cinema d'artista in Italia 1965 / 1977*, cit., p. 3.

6. Al termine della mostra vengono presentati oltre ai film citati: *Michelangelo andrà all'inferno* (1968, 16mm, b/n, 10'), Mario Ferrero; *Maria Fotografia* (1968, 16mm, b/n, 18'), Plinio Martelli; *Il giornale* (1968, 8mm, col., 10', Donato Dogliani; *Float* (1968, 8mm, col., 25') Gabriele Oriani; (1968,

16mm, b/n, 3'), Marisa Merz; *Vernissage* (1968, 8mm, col., 15'), Franco Giachino Nichot e Cesare Tacchi; *Frankestein Prossimamente* (1968, 16mm, b/n, 25'), Paolo Menzio, *Comunicato speciale* (1968,16mm, col. 8') Renato Ferraro.

7. Massimo Bacigalupo (a cura di), "Il film sperimentale", in *Bianco e Nero*, n. 5-8, maggio-agosto 1974 p. 159; p. 71 e p. 84.

8. *Capricci* (1969, 16mm Ektachrome, poi gonfiato a 35mm alla Microstampa dove ha luogo anche il montaggio e il doppiaggio, 95') è prodotto da Carmelo Bene, Jacques Brunet e Gianni Barcelloni. Maurizio Centini è il direttore della fotografia.

9. Nel 1969 Bene va a New York, dove ha contatti con Barney Rosset (editore di "Evergreen Review", rivista dell'avanguardia culturale newyorchese), per una partecipazione al film di Pietro Zuffi, *Colpo Rovente* (alla sceneggiatura collabora Ennio Flaiano). Del 1969 è anche il progetto di un *Faust* cinematografico, mai realizzato. Nello stesso anno scrive il già citato *A boccaperta*, una partitura per il cinema, sulla figura di Giuseppe Desa da Copertino, che verrà editato nel 1976.

10. La versione teatrale è stata presentata al Teatro Carmelo Bene a Roma nel gennaio de 1968. Carmelo Bene, Salvatore Siniscalchi, "Arden of Feversham", Milano, *Sipario*, n. 259, 1967. Cfr. Gianni Menon "Incontrarsi e dirsi addio", in *Cinema e Film*, n. 9, estate 1969, p. 251.

11. Giuseppe Bartolucci, "Sul tragico rappresentativo di Carmelo Bene", in Filippo Bettini, Francesco Salina (a cura di) "Il nuovo teatro di Carmelo Bene", in *Quadrangolo* n. 5, 1976, p. 69.

12. Noël Simsolo,"Incontro con Carmelo Bene", in Emiliano Morreale, cit., p. 60.

13. Carmelo Bene, Giancarlo Dotto, *Vita di Carmelo Bene*, cit., p. 60.

14. Gilles Deleuze, *L'immagine-tempo* (1985), Ubulibri, Milano 1989, p. 212.

15. Giuseppe Bartolucci, "Carmelo Bene o della sovversione" (1968), cit., pp. 16-18.

16. Carla Lonzi, *Autoritratto* (1969), Et.Al/edizioni, Milano 2010, p. 95.

17. Per Jameson «[...] il linguaggio dell'opera e del lavoro - [è] - stato dovunque in larga misura rimpiazzato dal linguaggio alquanto diverso del "testo", dei testi, della testualità [...]. Oggi tutto può essere un testo (la vita quotidiana, il corpo, le rappresentanze politiche), mentre quegli oggetti che in precedenza erano "opere" possono ormai essere riletti quali immensi insiemi o sistemi di testi di vario genere sovrapposti l'uno all'altro mediante varie intertestualità, successioni di frammenti o, ancora, puri e semplici processi (che [...] chiameremo produzione testuale o testualizzazione)», Fredric Jameson, "L'utopismo dopo la fine dell'utopia", Id., *Postmodernismo ovvero la logica culturale del tardo capitalismo* (1991), Fazi Editore, Roma 2007, pp. 166-167.

18. Michel Foucault, *L'archeologia del sapere. Una metodologia per la storia della cultura* (1969), Rizzoli, Milano 1999, pp. 172-173.

19. Judith Butler, *Questioni di genere. Il femminismo e la sovversione dell'identità* (1990), Laterza, Roma-Bari 2013, p. XXVI; Ead., *Parole che provocano. Per una politica del performativo* (1997), Raffaello Cortina, Milano 2010.

20. "Elementi di discussione. Convegno 'Per un nuovo teatro' - Ivrea', giugno 1967", in *Teatro*, n. 2, 1967-1968.

21. *Don Chisciotte*, al Teatro delle Arti

nell'ottobre del 1968, è il suo ultimo intervento in scena. Riprenderà il lavoro teatrale con *Nostra Signora dei Turchi* al Teatro Duse di Bologna nel 1972 e nel 1973. La scenotecnica è stata curata da Gino Marotta.

22. Jacques Rancière, *Il disagio dell'estetica*, cit.

23. Cfr. Dorothea von Hantelmann, *How to Do Things with Art. The Meaning of Art's Performativity*, JRP/Ringier & Les presses du réel, Zurich, Dijon 2010.

24. George Dickie, *Art and the Aesthetic: An Institutional Analysis*, Cornell University Press, Ithaca 1974; Arthur C. Danto, *After the End of Art. Contemporary Art and the Pale of History*, Board of Trustees of the National Gallery of Art, Washinghton 1997.

25. Jacques Derrida, "Signature événement contexte" (1971), in Jacques Derrida, *Limited Inc.*, Éditions Galiée, Paris 1990, pp. 30-32.

26. Più tardi, sempre nell'introduzione al catalogo "La performance oggi: tentativi di definizione di classificazione", Renato Barilli sostiene: «[...] l'attività che approda alla performance non è molto diversa, nei suoi aspetti teorici, nella sua filosofia, da ciò che in Italia si è detto "comportamento", anzi tra i due al limite non c'è alcuna differenza concettuale». Egli inoltre riflette sul lessema "performance" e ne analizza la qualità intermedia quale «[...] vocabolo né troppo neutro e generico, come sarebbe il nostro "compiere", né troppo specializzato e settoriale, come sarebbe "recitare" o "fare spettacolo"». Renato Barilli, "La performance oggi: tentativi di definizione di classificazione", catalogo *La performance oggi. Settimana internazionale della performance. I quaderni della sperimentazione: n. 1* (Bologna, Galleria Comunale d'Arte Moderna, 1-6 giugno 1977), La Nuova Foglio, Bologna 1977, s.p.
Luciano Inga-Pin, *Performances, Happenings, Actions, Events, Activities, Installations...*, Mastrogiacomo Editore, Padova 1978.

27. Renato Barilli, "La performance oggi: tentativi di definizione di classificazione", cit., s.p.

28. Chris Dercon, *Keep Take it Apart: An Interview with Bruce* Nauman, in *Bruce Nauman*, Hayward Gallery, London 1999, p. 100.

29. Giorgio Agamben, *Che cos'è un dispositivo?*, Nottetempo, Roma 2006, pp. 21-22.

30. Situazioni in cui si attiva un processo di interazione e di rappresentazione della vita quotidiana. Il testo di Erwin Goffman, *The Presentation of Self in Everyday Life* (Doubleday, Garden City N.Y.) è editato nel 1959; la traduzione italiana viene pubblicata nel 1969 con il titolo *La vita quotidiana come rappresentazione*, Il Mulino, Bologna 1969.

31. Piergiorgio Giacché, *Carmelo Bene. Antropologia di una macchina teatrale*, Bompiani, Milano 1997, pp. 1-16.

32. Ernesto de Martino, *La terra del rimorso. Contributo a una storia religiosa del Sud* (1961), Il Saggiatore, Milano 2015.

33. *La taranta* (1962, 35mm, b/n, 20'), Gianfranco Mingozzi. Gianfranco Mingozzi, *La taranta il primo documento filmato sul tarantismo*, DVD, Kurumuny, Calimera (Lecce) 2009.

Clara Gallini, "Il documentario etnografico 'demartiniano'", in *La Ricerca Folklorica*, N°. 3, "Antropologia visiva. Il cinema", aprile, 1981, p. 28 https://www.jstor.org/stable/1479451 [ultimo accesso: 12 dicembre 2019].

34. Clara Gallini, "Il documentario etnografico 'demartiniano'", cit.

35. *Ivi*.

36. Diego Carpitella, "Pratica e teoria nel film etnografico italiano: prime osservazioni", in *La Ricerca Folklorica*, N°. 3, "Antropologia visiva. Il cinema", aprile 1981, pp. 5-22 https://www.jstor.org/stable/1479451 [ultimo accesso: 12 dicembre 2019].

37. Clara Gallini, "Il documentario etnografico 'demartiniano'", cit., p. 26.

38. *Ivi*, p. 28.

39. Il film ricostruisce in chiave documentaria i canti funebri della Grecìa Salentina. Nel 1958 Ernesto de Martino conclude la ricerca sul lamento funebre con un *atlas* dedicato al pianto rituale.

40. Clara Gallini "Il documentario etnografico 'demartiniano'", cit., p. 28.

41. Ernesto de Martino, *Morte e pianto rituale, dal lamento funebre antico al pianto di Maria* (1958), Boringhieri, Torino 1975, pp. 12-56.

42. Ernesto de Martino, *Morte e pianto rituale*, cit., p. 37.

43. Ivi, p. 356

44. Ernesto de Martino, *La fine del mondo. Contributo all'analisi delle apocalissi culturali (1961-1965)*, a cura di Clara Gallini, Einaudi, Torino 2002, pp. 628-628 (I ed. 1977).

45. Cfr. Giorgio Agamben, *Aby Warburg e la scienza senza nome* (1984), in Id. *La potenza del pensiero. Saggi e conferenze*, Neri Pozza, Vicenza 2005, pp. 123-146. Cfr. Georges Didi-Huberman, *"IV Poèmes de peuples", Peuples exposés. Peulpes figurants. L'Oeil de l'historie, 4*, Les Editions de Minuit, Paris 2012, pp. 214-220.

46. Georges Didi-Huberman, *Peuples exposés. Peulpes figurants. L'Oeil del l'Historie, 4*, cit., p. 214.

47. *Ivi*, pp. 215-220.

48. Walter Benjamin, "Materiali dal 'Passagen-Werk' (1927-1940)", in Id. *Sul concetto di Storia*, a cura di Gianfranco Bonola e Michele Ranchetti, Einaudi, Torino 1997.

49. Georges Didi-Huberman, *Come le lucciole. Una politica delle sopravvivenze* (2009), Boringhieri, Torino 2010, p. 40.

50. La mostra forse, sostiene Claudio Domini - «[...] ma l'informazione orale non ha riscontri documentali» - viene «replicata negli spazi espositivi della libreria romana *Ferro di Cavallo*, in sede di presentazione del libro di de Martino, nel giugno 1961». Claudio Domini, *La fotografia etnografica nell'epoca della ridondanza mediatica, Antologia visuale del tarantismo. Una storia esemplare*, p. 11, https://www.academia.edu/20115688/La_fotografia_etnografica_nellepoca_della_ridondanza_mediatica [ultimo accesso: 12 dicembre 2019].

51. Franco Pinna partecipa in qualità di fotografo alla ricerca sul campo che si svolge in Salento dal 20 giugno al 10 luglio 1959.

52. Nel 1960 Diego Carpitella fa parte dell'équipe di de Martino che opera sul campo (dal 10 giugno al 10 luglio) nel 1959, con il compito dei rilievi sonori; vi tornerà l'anno successivo per effettuare a tale scopo anche delle riprese cinematografiche raccolte e documentate nel film *La terapia coreutico-musicale del tarantismo* (29').

53. Carmelo Bene, *Nostra Signora dei Turchi*, cit., p. 72-73 pp. 75-77.

54. Gilles Deleuze, "Un manifesto di meno", cit., p. 9, pp. 80-81.

55. *Ivi*, p. 81.

56. *Ibidem*.

57. *Ivi*, pp. 81-82.

58. *Ivi*, p. 90.

59. *Ivi*, p. 85.

60. Adriano Aprà, Gianni Menon, "Conversazione con Carmelo Bene" (1970), in Emiliano Morreale, cit., p. 85.

61. Elias Chaluja, Jacques Fillion, Gianni Mingrone e Sebastian Schadhauser, "Conversazione con Carmelo Bene", in Emiliano Morreale, cit., p. 44.

62. Ernesto de Martino, *Morte e pianto rituale*, cit., p. 37.

63. Carmelo Bene, *Sono apparso alla Madonna*, cit., p. 41; Carmelo Bene, Giancarlo Dotto, *Vita di Carmelo Bene*, cit., pp. 153-155.

64. Hal Foster, "L'artista come etnografo", *Il ritorno del reale* (1996), cit., pp. 175-210.

65. Georges Didi-Huberman, *Peuples exposés, peuples figurantes. L'Oeil de l'histoire, 4*, cit., pp. 216-218; Id. *Come le lucciole. Una politica delle sopravvivenze*, cit.

66. Hans Belting, "Image, Medium, Body: A New Approach to Iconology", in *Critical Inquiery*, Vol. 31, No. 2, Winter 2005, p. 302.

67. Hans Belting, *Antropologia delle immagini*, cit., p. 14.

68. *Ivi*, p. 15.

69. *Ivi*, pp. 15-16.

70. Hans Belting, "Image, Medium, Body: A New Approach to Iconology", cit., p. 313.

71. Carmelo Bene, Gianfranco Dotto, *Vita di Carmelo Bene*, cit., p. 12.

72. La diffusione internazionale del Wiener Aktionismus ha corso (non senza conseguenze giudiziarie) con l'edizione di un *"Bildkompendium Wiener Aktionismus und Film"* curato da Peter Weibel e Valie Export nel 1970. In Italia una prima ricezione del *Wiener Aktionismus*, attraverso i film di Kurt Kren e Otto Mühl (1966-1967), avviene nell'ambito della rassegna organizzata contestualmente al Seminario internazionale di studio sul cinema underground, in cui sono stati presentati insieme ai film delle avanguardie storiche e del cinema d'artista degli anni Sessanta. La rassegna si è svolta nel contesto Mostra Internazionale d'Arte Cinematografica diretta da Ernesto G. Laura dal 19 al 23 maggio 1970.

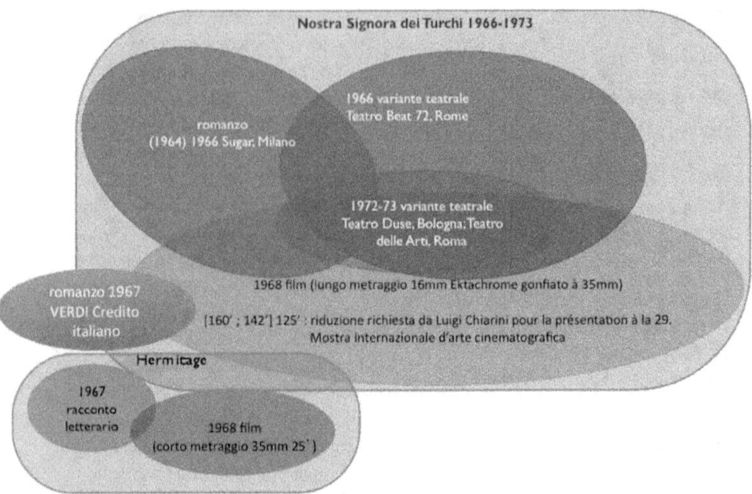

Composizione intertestuale

Nostra Signora dei Turchi / Riscritture

Di quell'opera complessa che è *Nostra Signora dei Turchi* (1966-1973) si intende analizzare alcuni passaggi della variante filmica quale campo fenomenologico in cui la corporeità/ corporalità si installa e si espone e quale documento indiretto della pratica performativa di Bene nel corso degli anni Sessanta. Non solo. Attraverso il filtro dell'autobiografia si intravede al lavoro una teoria dell'immagine che introduce ed elabora una critica ontologica attivando, letteralmente, un corpo a corpo *con* e *contro* l'immagine del Sé (questione affrontata anche nel secondo lungometraggio, *Capricci*, 1969) e che, per queste vie, incrocia l'arte coeva (nel contesto romano) e l'antropologia (con la mediazione della fotografia e dei film etnografici).

Scritto da Carmelo Bene nel 1964, il romanzo *Nostra Signora dei Turchi* viene pubblicato nel 1966, lo stesso anno in cui al Teatro Beat 72 di Roma ha luogo la sua prima edizione teatrale. Seguono nel 1968 il film - primo lungometraggio di Bene[1], presentato (nella versione di 124') alla XXIX Mostra del Cinema di Venezia diretta da Luigi Chiarini[2], dove ottenne il premio speciale della giuria - e, nel 1972, la seconda edizione teatrale presentata in anteprima al Teatro e Duse di Bologna e ripresa successivamente al Teatro delle Arti di Roma (nel 1973).

Il film è stato girato in Salento[3] nella primavera del 1968, senza sceneggiatura, con una Arriflex ST 16mm, dall'operatore e direttore della fotografia Mario Masini; la pellicola 16mm (invertibile Kodak Ektachrome) è stata poi ingrandita a 35mm, sviluppata e stampata presso la Microstampa di Roma. La postproduzione (montaggio e sonorizzazione) restituisce il film attraverso diversi interventi di montaggio (curati da Mauro Contini e dallo stesso Bene) con durate di 124' e di 142'. Quest'ultima versione, che è stata oggetto di restauro digitale[4], corrisponde alla riduzione richiesta da Chiarini per la presentazione alla Mostra del Cinema, poi editata e destinata alla distribuzione nelle sale.

Gli stati genetici del film presentano aspetti problematici che ineriscono a questioni filologiche non affrontabili qui. Si è scelto, pertanto, di basare l'analisi sia sulle versioni 124' e di 142' (quest'ultima tratta dal negativo originale 16 mm Ektachrome)[5] e sia sui "giornalieri" (*rush*) conservati presso la Cineteca Nazionale di Roma[6].

La versione filmica di *Nostra Signora dei Turchi* si configura attraverso un'intensa modalità transtestuale e, come si dirà, si pone in una complessa relazione intertestuale[7] con il cortometraggio *Hermitage* (1968, 35mm), prima opera cinematografica di Bene il cui ipotesto è un racconto breve scritto a premessa del suo secondo romanzo, *Credito italiano V.E.R.D.I.*, stampato nel 1967.

La serie cronologica e la linea genetica dei testi - romanzo, prima versione teatrale, variante filmica, seconda versione teatrale - implicano una lettura relazionale[8] e, per questa via, evidenziano dell'opera *Nostra Signora dei Turchi* (1966-1973) una complessa dimensione transtestuale[9] che altera, oltrepassa, trasforma e, in termini genettiani, trascende la relazione intrattenuta con i suoi oggetti di immanenza e i suoi oggetti di manifestazione. *Nostra Signora dei Turchi* è "opera" che è in grado di consistere in vari "testi" in quanto emerge attraverso (e fa emergere) la transtestualità che le è costituiva e perché attiene a una dimensione multimodale. Detto altrimenti, *Nostra*

Signora dei Turchi consiste non solamente nell'insieme dei suoi testi, *comprese le differenze*[10] e le variazioni letterarie, teatrali e cinematografica, ma anche si compone della pluralità di "testi" diversi, interni ed esterni all'*opus* di Bene.

Le differenti occorrenze testuali, a partire dalla scrittura letteraria, restituiscono, attraverso le isotopie della forma diaristica e di quella epistolare, un lavoro sull'autobiografia che assume i tratti di una «divertita e spietata parodia della "vita interiore"»[11] e segna, per Carmelo Bene, un passaggio, una discontinuità, un «*se déprendre de soi même*»[12]. Un "liberarsi da sé" che ricorre anche in altri, diversissimi, scritti letterari che scandiscono differenti periodi della vita di Bene: *Sono apparso alla Madonna* (1983), *Opere. Con l'Autografia d'un ritratto* (1995), *Vita di Carmelo Bene* (in collaborazione con Giancarlo Dotto, 1998) e *l' mal de' fiori* (2000).

A voler a ogni costo estrarre un nucleo narrativo dalla scrittura beniana, è possibile dire che *Nostra Signora dei Turchi* - attraverso la "parodia del Sé" e lo schermo di un'autobiografia reale/immaginaria[13] - racconta[14] e mostra la forza creativa inesauribile di un artista alla ricerca di un finanziamento per la realizzazione di un progetto (romanzo, film o evento teatrale che sia).

Attraverso la "parodia del Sé", in *Nostra Signora dei Turchi* l'autografia appare come un esercizio dell'immaginazione in cui l'esercitante[15], colui che immagina, nel configurare (ideare, fingere, imitare) immagini nella propria mente, non scompare sprofondando nella rete d'immagini generata, ma resta, si sposta, si proietta in altri da sé, oggettivando, per così dire, la costruzione immaginativa e fantastica in una pluralità corporale - in un "teatro dell'Io" - che costantemente oscilla tra il corpo proprio e il corpo altrui.

L'esercizio dell'immaginazione è ritualizzato o, più precisamente, si innesca (ed è innescato) da oggetti o insiemi di oggetti singolarmente idiosincratici. Oggetti attivatori, ciascuno a suo modo, dell'esercizio o del rituale che nel processo esecutivo si apre all'indeterminazione. La fenomenologia dei rituali da un lato allegorizza, cripta e segna l'autobiografia (il teatro, la vita) di Carmelo Bene nei primi anni Sessanta e, dall'altro, nella versione filmica, restituisce e "documenta" il suo lavoro performativo.

Sul piano reale/immaginario, differentemente dal romanzo e in chiave ironica, la scrittura filmica confonde, in un medesimo tempo sconnesso in tempi eterogenei, l'episodio storico dell'invasione dei Turchi e dell'assedio di Otranto nel 1480[16] e quello prefigurante una nuova invasione, quella indotta dal turismo di massa che dalla fine degli anni Sessanta incominciò ad interessare il Salento. Il tempo si fonde in un altro tempo e non concerne anacronicamente l'ordine narrativo tra passato e presente, ma stratifica in continuità piani temporali difformi.

Non vi è cortocircuito tra *reale* e *immaginato*, ma la loro assoluta permeabilità e il loro profondare indistinto in uno tempo-spazio mentale che si fa teatro dell'Io, teatro della memoria. In tal senso, l'autografia scaturisce anche dall'esercizio dell'immaginazione che riesce a organizzare ciò che si è scordato, l'amnesia, in ricordi di copertura[17].

Nella versione filmica di *Nostra Signora dei Turchi* non si dà, dunque, una presupposizione reciproca o una reversibilità tra il piano del reale e quello dell'immaginario, ma si assiste alla loro coestensività (in uno spazio-tempo mentale che rovescia il fuori in dentro e l'esterno in interno) e alla coesistenza tra presente e passato (immagine attuale e virtuale)[18]. Diversamente dall'esercitante che, nella versione letteraria, «[...] guardava dentro un cristallo, ben lungi dal rifletterlo»[19] - si è posti davanti a un'immagine-cristallo.

La coestensione del reale e dell'immaginario si fa supporto trasformativo dell'immagine che si configura quasi sempre a partire da formanti plastici - attraverso il buio (come accadrà anche nella versione teatrale del 1973) o mediante velature, striature, strati, ispessimenti, macchie, liquefazioni, diffrazioni - e per il tramite di figure (cose-oggetti, corpi, tracciati performativi dei corpi).

Sul piano reale/immaginario, il montaggio *del* tempo, nella scrittura filmica, investe il corpo attoriale in modo processuale: in termini enunciativi l'eterocronia si fonde con le temporalità implicate sia dalla descrizione/osservazione dello svolgimento di vari e differenti rituali sia dall'esecuzione degli stessi (frequenza iterativa). Tale processualità, che nel romanzo è diversamente restituita da atti linguistici verbali, nel film si rende visibile mostrandosi in un campo di osservazione in cui la disgiunzione del "vedere" dal "parlare" introduce un taglio tra la voce e il corpo e tra la voce e la parola. In *Nostra Signora dei Turchi* il corpo funziona simultaneamente come corpo proprio *e* altrui che si dà a vedere nelle situazioni in cui "Lui" (Carmelo Bene) si proietta e diviene fenomenologicamente molti altri (il Palazzo Moresco, il martire della fede sopravvissuto, il frate novizio e il frate anziano, il morto, il cavaliere). Non solo. Nell'esercizio immaginativo Lui, l'esercitante, proietta anche altre "situazioni", altri corpi attoriali (quello di Lydia Mancinelli nelle situazioni di Santa Margherita quale donna/santa e di Santa Margherita nella parte di Rita[20]; quello di Anita Masini che "incarna" Santa Margherita che finge di essere Rita; quello di Ornella Ferrari nella situazione della serva/bambina; quello di Salvatore Siniscalchi nella situazione dell'editore: sdoppiamenti femminili/maschili, polarità affettive, traumi).

Ne discende un parlare con altre voci a se stesso simulando un dialogo, come accade nella lunga scena in cui Lui si sdoppia nel frate novizio e nel frate anziano. Il parlare con altre voci è dare voce agli altri in una sorta di ventriloquio, come accade nella scena della barca in cui Lui orchestra lo sdoppiamento di Santa Margherita (Lydia Mancinelli) in Rita (Anita Masini). Tutte le transizioni tra "Io" ed "Egli" non sono che proiezioni di un *Je/Autre*. Si frantuma, così, la circolarità temporale del testo letterario[21] in una apparente linearità - che tuttavia non ha altro tempo d'appoggio se non quello della proiezione del film - in cui si stratificano i molteplici piani dell'autobiografia reale/immaginaria, dando vita a un teatro della memoria vera-falsa e falsa-vera dove l'"Io" come "Egli"[22] (la "non persona") non fa che disperdersi in altro e moltiplicarsi in altri da sé. Il medium della transizione tra "Io-Egli" è il corpo attoriale, il corpo proprio di Carmelo Bene.

Nel romanzo la narrazione è debole e la descrizione delle serie di atti performativi intenzionalmente privi di finalità, effetto o esito - ossia i "rituali" che funzionano da innesco del reale/immaginario - sospende e disperde il racconto. I differenti stati del *dire* e del *detto* (pronunciato e/o interiorizzato) sono riconducibili al discorso indiretto o indiretto libero e, in modo affatto peculiare ancorché raro, al discorso diretto.

Nella forma filmica, l'implicazione (sul piano sonoro) in *voice over* del discorso libero indiretto e (sul piano visivo) della "visione libera indiretta" fa sì che l'uso della terza persona ("Egli", "Lui") distanzi il corpo proprio di Bene, oggettivandolo, da una prospettiva mantenuta in prima persona. Più precisamente, si tratta di far emergere nel gesto e nella voce «la terza dalla prima persona»[23].

Sul piano visivo, i modi dell'"Egli" come "Io" investono le figure del corpo, concernono l'identità corporea dell'attore[24] e attengono performativamente alle transazioni tra il *Me* e il *Sé*, di cui il corpo attoriale è supporto (Sé-*idem* e Sé-*ipse*)[25], senza che vi siano azioni compiute, bensì atti e gesti improduttivi dispersi in rituali rigorosi in cui intervengono *impasse*, handicap inventati e *restraint* autoindotti (si assiste alla deliberata rottura dello schema sensomotorio, schema dal quale, secondo Gilles Deleuze, deriva la narrazione)[26].

In *Nostra Signora dei Turchi* i rituali consistono in prove e sessioni performative il cui campo scenico, disseminato di cose-

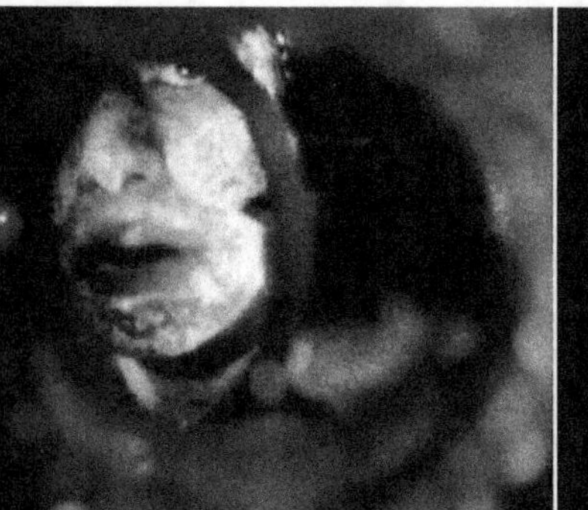

Nostra Signora dei Turchi 1968 (film 124′). Video still. Courtesy Fondazione Centro Sperimentale di Cinematografia, Cineteca Nazionale di Roma

oggetti, è catalizzatore di impedimenti e di auto-impedimenti. Tra questi oggetti esistono delle differenze. Quelli dell'«orsa maggiore» sono «i punti fissi del rituale, quali, ad esempio i gerani, anche appassiti, le candele, gli alcoolici, l'alcool puro, i portacenere, il vino molto graduato, lo specchio»; quelli dell'«orsa minore», motivo di distrazione continua, sono gli oggetti variabili «impiegati al ricambio quasi perenne, in quanto assolventi la funzione di variante tra il chimico officiante e gli oggetti fissi». Vi sono inoltre gli «oggetti della provocazione» scelti con cura, una volta per tutte, «adottando in prevalenza proprio quelli più indifferenti»[27] per Lui come ad esempio, tra gli altri, la bandiera italiana.

Attraverso tali costellazioni di oggetti, i rituali definiscono lo spazio-tempo reale/immaginario in cui si attiva, come esercizio, il processo decostruttivo della "soggettività" - teatro delle dissociazioni dell'"Io" - in cui il corpo attoriale di Carmelo Bene è posto. Esemplare in tal senso la versione letteraria di *Nostra Signora dei Turchi*: il romanzo si apre *in medias res* defocalizzando la dimensione performativa dell'esercizio dissociativo:

> [...] la sconsacrazione era l'agente forse più pericoloso di tutto l'esercizio,
> e poteva subentrargli ovunque, minandogli o la fase propiziatoria o il pieno
> dell'improvvisazione, quanto più imprevedibile, quanto più incontrollata.
> Come un tic. Lo specchio se ne incrinava[28].

Qui lo specchio incrinato fa trasparire una soglia eterotopica rivelandosi al contempo come presenza. L'incrinatura è un effetto di ritorno dall'immaginario/reale. Lo specchio, infatti, rinvia lo sguardo, non lo fa attraversare. Lo specchio di per sé funziona come eterotopia (Foucault, 1969), in quanto è a partire da esso che ci si scopre assenti nel posto in cui si è[29]. Lo specchio è il luogo della prova dissociativa[30], centrale soprattutto nel romanzo, che da un lato, nelle sue incrinature, segna la sconsacrazione e la rovina del rituale[31], mentre dall'altro lato esercita una forza di captazione e di rilancio del rituale stesso che segnala sul piano enunciativo - ancorché entro la dimensione mentale - la transizione finzionale dal reale all'immaginario e viceversa.

Quando la scrittura filmica comincia, inizia a prodursi la frantumazione dell'Io il cui luogo è il corpo *in figura* che il protagonista esibisce e performa come davanti a uno specchio/schermo reale *e* immaginario. Nel film la presenza dello specchio trova molteplici declinazioni figurali e modella l'immagine: la "lancia" una seconda volta, la reinquadra, vi coincide quando la cinepresa filma *nello* specchio e, con un effetto di straniante diffrazione, poi allarga il campo visivo «"scoprendo" uno spazio *al tempo stesso vicino e lontano*»[32].

Nondimeno, i passaggi filmici in cui la presenza dell'immagine allo specchio si fa sentire in modo inusitato sono quelli che aprono e chiudono la sequenza del "monologo dei cretini"[33] dove tuttavia, come rileva Jacques Aumont (2010), non si dà alcuna immagine speculare[34] e non si è in presenza di specchi. Come si dirà, nel "monologo dei cretini", nel tracciato della visione libera indiretta[35], si assiste all'espansione figurale e *fuori cornice* di immagini che si specchiano in un punto cieco[36], ossia in quel fuori campo assoluto e vuoto in cui si trovano lo spettatore e la spettatrice: da un lato, attraverso l'instanziazione di uno sguardo oggettivo/soggettivo disincarnato che precede lo sguardo spettatoriale, ma non vi coincide; dall'altro, facendo dell'implicazione spettatoriale stessa uno schermo-specchio, una superficie di captazione dall'interno all'esterno, una linea del fuori da piegare nel dentro di un atto immaginativo, in un teatro della memoria immaginato, probabilmente, a occhi "aperti/chiusi" da Bene.

Nelle recensioni della versione teatrale del 1966 non si fa cenno alla presenza di specchi. In alcune foto ritrovate, invece, si vedono sia uno specchio utilizzato come oggetto funzionale a un rituale sia una finestra/cornice vuota in cui Bene/Lui s'inscrive. Questa prima versione teatrale presenta un impianto scenografico (progettato/realizzato da Salvatore Vendittelli) con una «triplice porta-finestra»[37] in vetro colorato che Carmelo Bene chiude/apre isolando il pubblico. Secondo la ricostruzione di Vendittelli, le porte-finestre cuspidate formavano «[...] un'unica parete a chiudere il boccascena tra [...] due pilastri. Insieme costituivano un'apertura frontale di quattro metri e venti di vetrata, vicina alla larghezza di cinque metri fra un pilastro e l'altro. Il sipario fu abolito a favore di un portale di vetro dalle linee orientaleggianti, la sintesi d'una facciata di chiesa gotica»[38].

Della versione teatrale del 1972-1973, Filippo Bettini restituisce la descrizione puntuale del primo atto rendendone evidente il dispositivo scenico (progettato/realizzato da Gino Marotta). La scena è costituita

[...] dallo spessore pressoché invalicabile delle mura e delle finestre del palazzo moresco: le prime, coincidenti e identificabili con le pareti dello stesso palcoscenico, secondo un percorso completo delle sue tre dimensioni; e le seconde, condensate, a loro volta, nella vetrata centrale, disposta in tessere geometriche che hanno il compito [...] di frantumare, con lievi interruzioni lineari, la visione dello svolgimento teatrale [...].

È poi posta in rilievo la

[...] presenza dei tre grandi specchi convergenti - due simmetrici, laterali, e il terzo centrale, arretrato rispetto ai precedenti - che sembrano voler inutilmente offrire agli spettatori il riflesso interno di quanto va accadendo e agli attori stessi la proiezione in fieri del gioco speculare dei loro stessi atti[39].

Infine viene evidenziato il ruolo della voce fuori campo (preregistrata) rispetto alle voci *live* degli attori che produceva effetti trasformativi sui loro comportamenti, sui "loro gesti orali e corporei".

Durante il primo tempo, l'interposizione di uno schermo di vetro ripartisce lo spazio tra interno ed esterno. Maurizio Grande osserva[40]

[...] la luce rivela gradualmente la lastra interposta tra il "dentro" del teatro (la scena) e il sul "fuori" (una parte della stessa scena più la platea) e connota un piano di costruzione 'barocca' tra scena e non-scena [...]. La musica proviene dal buio totale ed emerge gradualmente liberandosi dell'oscurità, assieme alle illuminazioni discrete e tenui che rivelano gli oggetti [...]. Infine, poco a poco, la percezione lenta del corpo di Carmelo Bene che si muove sotto i fasci di luce diversi, dietro la lastra [...] tutto appare come soffocato, come ovattato; [...] si percepisce la trasparenza e l'ottundimento vanescente dei riflessi sulla platea di ciò che accade in scena, al di qua della "lastra-finestra" sulla quale insiste il battere di Carmelo Bene sotto un fascio impietoso di luce gialla, come in un acquario raggelato.

Rileva ancora Grande:

[...] lo sputare perverso sulla Santa e su se stesso sono gesti che non contengono alcuna indicazione di "rottura" o di aggressiva violenza nei confronti del pubblico, e proprio a livello della loro materialità significante evidente e diretta. Non hanno, infatti, spessore sonoro, visivo o spaziale - scenico che travolga la lastra - barriera per scaricarsi brutalmente sugli spettatori[41].

Alla cessazione dei comportamenti aggressivi verso il pubblico[42] la critica fa corrispondere il venir meno del «vitalismo fisico», della «violenza verbale» e l'«annichilimento di ogni contenuto "energetico"»[43], nonché registra la discontinuità tra la prima e la seconda versione di *Nostra Signora dei Turchi* (1966, 1972-1973) segnalando, dopo l'esperienza cinematografica e all'inizio di quella videografica[44], l'avvio di una trasformazione nella pratica teatrale di Carmelo di Bene che, nel corso degli anni Settanta, porterà alla discrittura di scena, alla sospensione del tragico[45] e al teatro della *phonè*[46].

Le testimonianze indirette derivabili dalle recensioni e dalle analisi, seppur da prospettive diverse (in cui si profilano letture ideologiche, equivoci e fraintendimenti sintomatici) rilevano, dunque, un "secondo tempo" dell'attività di Bene che segna il venir meno dell'energia dissipatrice che aveva caratterizzato il suo operato nel corso degli anni Sessanta.

Resta immutata, invece, nella ricezione critica, la descrizione fenomenologica degli oggetti e degli accadimenti che ancora attengono alla metodologia processuale dell'happening.

Nel 1966 Corrado Augias così descrive le azioni in scena:

> [...] Il protagonista sogna, agisce, impartisce istruzioni alla sua collaboratrice Santa Margherita (la preziosa e brava Lydia Mancinelli) dando così vita a una scena da antologia di teatro nel teatro [...] alterca con un fratone casalingo interpretando con il semplice mutare della voce e rapidi spostamenti la parte propria e quella del frate. [...] E poi cucina gli spaghetti, li condisce con cura, rigoverna la cucina, si trucca, si strucca, si fa un'iniezione avvolto nel tricolore mentre sul magnetofono il Vero Generale Della Rovere con parole di Montanelli e voce di Carotenuto inneggia all'Italia [...][47].

Nella ricostruzione della prima fase della ricerca teatrale di Bene, Franco Quadri (1983) descrive gli eventi che si svolgono dietro la quarta parete quali [...]

Nostra Signora dei Turchi 1968 (film 124'). Video still. Courtesy Fondazione Centro Sperimentale di Cinematografia, Cineteca Nazionale di Roma

[...] frammenti del più privato naturalismo, esasperatamente veri: la cottura sul fornello a gas e poi il condimento di un piatto di spaghetti che finiranno in parte mangiati ma per lo più tirati da un personaggio all'altro per la scena come in una comica popolare, un'iniezione con bollitura di siringa e tutto col sedere nudo del protagonista esposto al discorso patriottardo di De Sica ripreso al registratore dal *Generale Della Rovere* di Rossellini[48].

Degli oggetti viene rilevata l'incongruità nella versione del 1966 e la materialità della loro presenza in quella del 1972-1973[49].

La dimensione reale/immaginaria, così come l'indeterminazione performativa e relazionale del rapporto tra i corpi e gli oggetti che passa attraverso le versioni di *Nostra Signora dei Turchi* restano al margine dell'osservazione critica, ma nondimeno vengono annotate. Come accade, ad esempio, nel caso rilevato dell'iniezione - azione assente nel romanzo - che nelle versioni teatrali condensa il tema della "cura" (non perciò riducibile alla terapia adottata per sofferenze fisiche e mentali autoindotte) e che con questa funzione viene ripreso nella versione filmica. È una disimplicazione variante di un passaggio lapidario che nel romanzo esplicita la condizione in cui Lui viene a trovarsi - «Era ormai sulla pubblica piazza»[50] - e che viene messa in figura sia nelle versioni teatrali sia in quella cinematografica.

La disgiunzione del sonoro dal visivo è rilevata attraverso l'uso (modalità cageana) delle voci preregistrate «nella colonna sonora sempre pervasa - prima e dopo o "sotto" - da tuffi nella musica operistica»[51] e tracciata dalla voce fuori campo di Carmelo Bene che, portando una narrazione all'imperfetto e in terza persona a intercalare le voci *live* non intellegibili, produce una separazione delle voci dai corpi.

La condensazione sul piano visivo e performativo di temi e di avvenimenti, il gioco dell'impedimento, la partitura luministica con valenza di montaggio plastico sono modi enunciativi che passano variabilmente attraverso linguaggi distinti. In merito alla ripresa teatrale di *Nostra Signora dei Turchi*, nell'analizzare le relazioni *tra* testo e scena e *tra* scrittura letteraria e scrittura scenica, Grande rileva:

> Gli oggetti, i gesti, la scena, la parola infine, si danno proprio come inserzioni lente e faticose, distanziate nei toni e nelle luci che tentano l'individuazione degli spazi, la scansione dei tempi, la costruzione dell'ordine scenico contraddetto da una simultaneità d'azioni e di situazioni segnate dalla coincidenza e dalla sostanziale equivalenza del loro valore nello spazio e nel tempo, mentre ottengono corpo e identità nell'irradiamento rallentato della luminosità che reca volume e peso[52].

Nelle versioni teatrali, la contemporaneità delle azioni scardina l'ordine scenico - e con esso l'ordine narrativo residuale del testo letterario - che resta tuttavia attivo sul piano della colonna sonora preregistrata; la coesistenza delle situazioni mette in gioco il "teatro dell'Io" scombinando i piani dell'"attanzialità" e dell'"attorialità".

Come anticipato, nel lavoro teatrale di Bene, già a partire da *Il rosa e il nero* (1966)[53] non esistono "personaggi", ma "situazioni" e non esistono "attori/attrici", ma "corpi attoriali". Vi è, si potrebbe dire, un'interferenza metodologica con l'operatività propria dell'happening allorquando «[...] gli attori diventano oggetti e gli oggetti diventano attori» e allorché si assiste alla «riduzione delle persone alle cose» e «all'animazione e vitalizzazione dell'oggetto»[54]. Come si dirà più avanti, Bene studia la relazione tra soggetto e oggetto sottesa a questo dispositivo in un passaggio transtestuale della versione filmica di *Hermitage* trasposto in *Nostra Signora dei Turchi* e lo fa, verrebbe da dire, in chiave lacaniana, anche se, a questa altezza cronologica, non risulta che Bene abbia letto Lacan[55].

Nondimeno, diversamente dalle linee guida dell'happening, già nel primo teatro di Carmelo Bene l'attore/l'attrice non sono semplicemente chiamati a rendere concreta l'idea dell'azione generativamente contenuta nello *score*. Quel che ha rilievo concerne i vuoti prodotti dall'indeterminazione in scena sui quali la performance attoriale lavora. La base dell'indeterminazione è lo studio, la ricerca, l'atto critico.

Il cogliersi dell'attore/ice in un gesto e, insieme, il suo sorprendersi a ripensare criticamente a ciò che sta dicendo/facendo introduce una differenza, un dissidio, appunto, tra ciò che sta dicendo o facendo e ciò che va criticamente opponendo a ciò che sta dicendo o facendo e che fa sorgere come un automatismo la parodia (*para-odé*); e ciò in un processo di variazione continua. Ne discende una difformità, un gioco di differenze che rendono impossibile l'assunzione di ruoli, di identità. Sul piano metodologico tale dissidio critico intacca qualsiasi autorialità insita nel gioco dell'attorialità. A queste date, nell'opera di Carmelo Bene, e con particolare evidenza in *Nostra Signora dei Turchi*, la simultaneità contraddittoria, il fare-disfare, è anche una tensione decostruttiva tra l'azione e l'atto[56].

Sul piano reale/immaginario, il montaggio *del* tempo investe il corpo attoriale in modo processuale: esso confonde le temporalità implicate sia dall'esecuzione dei rituali (frequenza iterativa) sia dalla descrizione/osservazione dello svolgimento degli stessi. I rituali, infatti, sono processualità in atto restituita attraverso la scansione delle sue fasi (incoatività, duratività, terminatività), ma in modo sconcatenato, disordinato e incompiuto in cui il processo stesso viene colto/ripreso da un punto di vista/osservazione "vicino/lontano" reso attraverso il mutare alternato della messa a fuoco in un *continuum* di variazioni

I corpi attoriali generano un insieme variabile di voci, parole, rumori, sguardi, gesti, movimenti, colori, luci, vesti. Su questa base le "situazioni" si definiscono anche come fasci di virtualità che portano a implosione le funzioni, i ruoli, le identità dei "personaggi" e che si rendono percettibili solo "in figura" in uno stesso corpo attoriale *in quanto sempre altrove rispetto a dove questo si mostra. Figure* del corpo, esse fungono da punti di innesto e di transizione tra "*Je*" e "*Autre*" e sono attraversate da una dissociazione costitutiva che non concerne il conflitto, bensì, come si è detto, un processo trasformativo descritto e nominato da Gilles Deleuze con il termine "variazione" nel saggio dedicato alla pratica operazionale di Carmelo Bene ("Un manifesto di meno" editato in *Sovrapposizioni* nel 1978)[57].

Anche se la ri-scrittura viene posta a tema, con riferimenti diretti alle *Finzioni* di Borges (1944), solo al termine degli anni Sessanta nel pamphlet *L'orecchio mancante* (1970)[58], tuttavia essa è già praticata da Bene a teatro sia per quanto attiene alla dimensione intrinsecamente transtestuale dei suoi testi, sia per quel che pertiene alla costruzione degli *score* e alle loro trasformazioni esecutive in scena. In tutti i casi, il metodo operativo implica la ripetizione e sottende un principio di ripresa. La ripetizione concerne il "testo" ripreso e, insieme, l'atto stesso della sua ripresa che sposta, infiltra, ibrida il testo con altri testi nel passaggio da un linguaggio (quello letterario) all'altro (quello teatrale). La forma di relazione tra i testi e il principio di ripresa implicato dal rapporto di ripetizione interna a ogni atto di ri-enunciazione diviene un elemento chiave.

Nel corso degli anni Sessanta, Bene apprende a destituire e a mutare di senso l'azione che si dispiega in un testo già scritto, già compiuto, ri-scrivendolo anzitutto nel segno della differenza tra scritto e orale, per poi toglierlo di scena a teatro (riscrittura come scrittura che "sottrae", discrittura, ma anche che "aggiunge" secondo le virtualità del testo). Bene sospende il senso o, meglio, il tragico, nella parodia o nello "stupore comico", nell'ironia feroce che pone termine all'arte come consolazione e alla consolazione dell'arte. È quanto accade nell'*explicit* della prima versione teatrale di *Nostra Signora dei Turchi*[59].

A parte *Caligola* e la prima versione dell'*Hamlet* da Shakespeare, in quel giro d'anni la sua attenzione va alla forma romanzo (*Don Chisciotte, Manon, Il rosa e il nero, Il Monaco, Pinocchio*) e alla poesia (segnatamente ai poeti russi Aleksandr Blok, Vladímir Majakovskij, Sergéj Esénin, Boris Pasternak). Bene stesso scrive racconti e romanzi che divengono *score* per il teatro e il cinema (*Hermitage, Credito italiano V.E.R.D.I., A boccaperta*).

In *Nostra Signora dei Turchi* il carattere autobiografico dei materiali sui quali Bene lavora in qualità di scrittore si traccia attraverso una rete estesa di isotopie concernenti la scrittura del Sé in forma diaristica ed epistolare che nel film si complica attraverso la stessa modalità di "ri-scrittura" (sottrattiva o addizionale) con la quale egli opera su testi altrui in chiave critico-saggistica di modo che il saggio critico su un'opera diviene esso stesso un'opera[60].

In forza dell'interpretazione critica e dell'uso di testi propri o altrui che andavano definendo il metodo operazionale di Bene, allora in formazione, il romanzo *Nostra Signora dei Turchi* - già attraverso la prima versione teatrale - entra in un processo di ri-enunciazione potentemente trasformativo. Ma perché la forma romanzo ha richiesto una trasformazione performativa e una sperimentazione *sub specie* cinematografica? La forza ideativa dell'immagine mentale *quale* problema pone, risolve e rilancia con altri mezzi rispetto al romanzo? Perché letteratura, teatro e cinema, nella loro differenza, entrano in risonanza?

In primis perché nella scrittura letteraria di *Nostra Signora dei Turchi* Carmelo Bene tende a rendere possibile la verifica di ciò che egli definisce l'«*orale* mormorato»[61] (a dispetto non solo di Ignazio di Loyola, ma anche di Barthes), come altrimenti accade nella sua opera ultima, *l'mal de' fiori* (2000), dove l'orale è costretto nel corpo dello scritto, ma può solo essere visto, non può essere letto/ascoltato. *In secundis,* poiché la dimensione performativa è già inscritta (aspettualizzazione) nella versione letteraria, il dispositivo performativo del romanzo, trasformandosi, passa attraverso il teatro nella (ri)scrittura filmica e vi ritorna. Infine, soprattutto perché questa esperienza intermodale implica per Carmelo Bene il misurarsi sia con la non cecità della letteratura sia con i limiti e le impossibilità di visione del teatro e del cinema. Non solo. Attraverso i rituali egli mette in campo anche ciò che performativamente accade nelle traiettorie del gesto; la variazione, che nella ripetizione lo differisce in modo indefinito, accede a una dimensione extralinguistica che, generata dalla scrittura filmica e dalla scrittura scenica, definisce rispetto al testo letterario delle zone di intraducibilità. Questo accade quando in uno stesso gesto si danno simultaneamente un movimento e un contro-movimento e quando si assiste al dischiudersi, nell'atto, di un vuoto.

Ad esempio, rispetto al movimento e al contro-movimento di uno dei rituali riguardanti "l'uscire di sé" e "il tornare in sé", nel romanzo si legge:

Decideva di pensare ad altro. Quando non gli era facile brontolava poesie come: "Presso la culla in dolce atto d'amore", era questo un verso dei suoi preferiti in quanto non gli era mai capitato di ricordare il seguito a cominciare già dal secondo. Allora ripeteva tante volte il primo, ora piano, ora gridando come un ossesso, infuriando contro gli oggetti, libri, quaderni, seggiole, fino a distruggere l'intera stanza.

> Appena sicuro di aver perduto ogni traccia di ragionevolezza, tornava in sé
> e si prodigava a riparare i danni come meglio poteva. [...]
> Quando tutto era in ordine lavava il pavimento[62].

Nella dimensione filmica questo rituale trova manifestazione attraverso il corpo attoriale, ma l'azione si scandisce a vuoto, non si dispiega e manca l'esito: nessun gesto potrà riparare gli oggetti perché truccati o già sempre entropicamente rovinati, distrutti; inoltre, si assiste (qui e altrove) all'inversione dello spazio interno in spazio esterno, ma senza la ripartizione tra spazio privato e spazio pubblico tracciata invece nelle versioni teatrali. La sequenza è sovrascritta in *voice over*[63] (da Lydia Mancinelli) che anticipa, come nel romanzo, la presentazione di Santa Margherita.

Nella scrittura letteraria, la dimensione reale *e* immaginaria nella quale compare la "situazione" della Santa è resa attraverso una *mise en abîme* narrativa[64]; nella versione filmica essa è anticipata in *voice over* e poi restituita iconograficamente - mostrata - in una complessa sequenza (fortemente centrata sull'autobiografia) attraverso "l'apparizione" di Lydia Mancinelli.

Più in generale, le figure del corpo passano in immagine attraverso linguaggi distinti[65], differenti gradi di traducibilità della parola (discorso libero indiretto) e concernono i modi relazionali tra la parola e l'immagine che le trasforma.

Passando dal romanzo al film, per mezzo della dimensione performativa, su differenti piani, sembrano attivarsi sia relazioni di supplemento, di sottrazione, di corrispondenza sia spostamenti trasformativi a partire dai quali si traccia un fitto intrico di diagonali relative al modo in cui il romanzo e il film entrano in rapporto reciproco. L'estendere, l'addizionare, il sottrarre, il dislocare selettivamente la presenza di un testo nell'altro implicano, infatti, non solo la loro messa in relazione, ma anche, al contempo, la definizione dei loro spazi di traducibilità (in rapporto alla trasformazione intersemiotica). Dal testo letterario

Nostra Signora dei Turchi 1968 (film 124'). Video still. Courtesy Fondazione Centro Sperimentale di Cinematografia, Cineteca Nazionale di Roma

a quello filmico gli spazi di traducibilità concernono la dimensione performativa entro il processo stesso della ri-scrittura. Tale reinscrizione è implicata dalla trasformazione della materia e della forma espressiva in un linguaggio eterogeneo, composito qual è quello cinematografico. In generale il film "dice", "fa vedere qualcosa in più" rispetto al romanzo[66] poiché, implicando intrinsecamente il piano visivo, rende appunto visibili non tanto le cose, i corpi, i gesti, quanto la visibilità stessa delle cose, dei corpi, dei gesti. All'opposto, il film dice di meno: "non fa vedere il detto", oppure "dice" ma "fa vedere altro" o, ancora, introduce all'impossibilità di dire nello stesso modo.

Si tratta, per Bene, di inventare delle modalità espressive, di porre e di risolvere dei problemi di configurazione dell'immagine *sub specie* cinematografica che enunciativamente condensano[67], spostano o rimuovono - nel processo della contraffazione del Sé e della ubiqua corporeità che ne discende - certi passaggi dell'autobiografia tracciata dal romanzo, ma che *non sono* nel romanzo in quanto concernono l'immagine filmica soltanto, dove si danno a vedere.

Nei rituali, il lavoro contro le limitazioni identitarie si concentra, tra gli altri oggetti, sul passaporto che, come si legge nel romanzo è: «[...] Nei casi estremi l'oggetto più importante dell'orsa maggiore, oggetto polare delle sue pratiche di distrazione». [...] «Quel documento gli era completamente estraneo, come del resto estranei gli erano tutti gli oggetti dell'orsa maggiore [...]. Ma quel documento era più semplicemente una convenzione sociale e perciò lo lasciava indifferente, indifferente sino alla collera». Nel romanzo il passaporto è l'oggetto di un rituale da reiterare, il cui inizio prevede che il documento venga estratto da un cassetto, disposto «al centro del tavolo, [e reso] ostentatamente visibile da qualunque angolazione della stanza»[68], per poi essere gettato fuori dalla finestra solo per essere precipitosamente recuperato sul selciato, ripreso e nuovamente riposto nel cassetto.

Nel film, il rituale è modellato attraverso un montaggio alternato, con un ritmo scandito da percussioni, in una serie frammentata di inquadrature in campo e controcampo, nella canonica modalità dell'inseguitore e dell'inseguito. Viene in chiaro qui, una volta di più, come il corpo di Lui si faccia "teatro dell'Io" sdoppiandosi nelle figure di un gangster e di un turco. Questi si muove fuggiasco entro un paesaggio che scorre tra campi di frumento, di fiori e di terra rossa; poi si ferma: sullo sfondo il bianco di una scogliera e l'azzurro del mare. L'altro, un gangster (*à la* Belmondo), lo insegue, prende ripetutamente la mira e gli spara. Segnato di rosso-sangue sulle gote (rimando a *Pierrot le fou*, 1965, di Jean-Luc Godard) e sulle bende (che sotto un logoro maglione gli avvolgono il collo e il torace), il turco tiene tra le mani un passaporto. Colpito alla schiena, crolla pateticamente a terra lasciando cadere il passaporto, poi raccolto dal gangster che veste un pigiama a righe sotto il quale si intravedono ancora delle bende. Le bende, infatti, sono segnatura di una transizione identitaria condotta, rileva Jean-Paul Manganaro, «[...] sino alla caccia contro se stesso - [sino a] sparare sull'"io", sul "sé" nelle diverse apparenze di una realtà interamente giocata sulla scarsa credibilità delle finzioni»[69].

Non solo. Il Salento, con il suo paesaggio, si fa terra immaginaria e diviene il "Sud del sud", "il Sud più l'Oriente", ma anche il luogo di incontro in cui Occidente e Oriente vengono fatti "cozzare".

In un'altra rapida successione di inquadrature su campiture bianche e azzurre, i tagli obliqui e le strategie di ripresa sovrascritti dalla colonna sonora e dal tema musicale di Maurice Jarre sembrano fare il verso a *Lawrence d'Arabia* (1962) di David Lean[70]. Si tratta qui del rituale in cui Lui vaga su una terrazza inventandosi moltitudini in preghiera[71]. All'*Angelus*[72] della versione letteraria si sostituisce l'*Adhān* (la chiamata alla preghiera musulmana)[73]. La sequenza sincretizza differenti rituali criptando l'autobiografia (la latitanza dopo la chiusura del teatro Laboratorio, il ricovero coatto all'ospedale psichiatrico di Lecce e il rilascio)[74].

L'universo mentale di *Nostra Signora dei Turchi* si espone in modo allegorico[75] e in modo simbolico[76] nell'imporre agli oggetti, agli atti, alle posture una valenza rituale e un significato funzionale al "teatro dell'Io". Anche rispetto alla versione letteraria (romanzo), la forma filmica sottende esperienze ed eventi biografici inaccessibili, deformati, criptati. Non c'è, in tal senso, alcun rimando se non quello interno a un universo

Nostra Signora dei Turchi
1968 (film 124'). Video still.
Courtesy Fondazione Centro
Sperimentale di Cinematografia,
Cineteca Nazionale di Roma

mentale che il film costituisce e che si apre davanti alla presenza spettatoriale come davanti a uno schermo/specchio cieco, che non riflette ma che si riflette.

Il romanzo, ad esempio, intesse una forte relazione tra il rituale polarizzato sul passaporto, «oggetto della provocazione», in cui è previsto che il documento venga ripetutamente buttato dalla finestra e poi ripreso, in un circuito *fort/da* (Derrida, 1966)[77], e il rituale delle «cadute volontarie» in cui Lui reiteratamente si getta «[...] in strada da un balcone di primo piano [così da poter] morire tutti i giorni»[78]. Nel film viene mantenuto l'aspetto frequentativo del rituale - «Non era la prima volta che si gettava dalla finestra»[79] - ma mutano le varianti reali/immaginarie in merito sia alla possibilità d'essere visto o del non esser visto cadere, sia al riportare o al non riportare delle ferite in seguito alla caduta.

La prima variante introduce il rituale, la seconda mostra le conseguenze della caduta attraverso la modalità del *récadrage* con schermi secondari e figure di soglia quali la finestra e lo specchio (con funzione riflessiva e emissiva).

Un balcone aperto sull'azzurro del mare. Il corpo attoriale di Bene vi si inscrive gettandosi di spalle nel vuoto: l'atto simulato è interrotto dallo stacco e il corpo resta come sospeso, per un attimo, prima di passare, poi, flottante, nelle inquadrature successive, dentro a un colore bianco lattescente, in cui i forti colpi di zoom cancellano il tragitto della caduta ed è già a terra: il dolore simulato è scandito nella segmentazione dei gesti.

In un autoritratto speculare appaiono poi i segni delle "conseguenze" della caduta: con il volto quasi cancellato da bende e cerotti, Lui brinda con la propria immagine allo specchio e il movimento, in una campitura rossa, ne distorce la testa come una *Figura* di Francis Bacon. A quelle date, però, Bene non fa cenno all'opera di Bacon, riferimento che si darà pienamente attraverso *Logique de la sensation* (1981) di Deleuze[80]; nondimeno alcuni snodi teorici di quel saggio - su corpo, figura, forza, immagine-cliché - avevano già riguardato (anche) il suo lavoro.

Nostra Signora dei Turchi 1968 (film 124'). Video still. Courtesy Fondazione Centro
Sperimentale di Cinematografia, Cineteca Nazionale di Roma

In un'altra variante letteraria Lui «Stava per lasciarsi cadere di sotto, ma intravide qualcuno per la strada rivolgersi allarmato alla sua volta. E colse un glicine»[81]. Nella scrittura filmica il rituale è espanso sia in chiave performativa sia attraverso il montaggio alternato. In campo-controcampo, la serie di inquadrature dedicate al rituale in cui Lui sta per buttarsi dalla finestra s'intercala alla serie di inquadrature dedicate a "qualcuno" (Vincenzo Musso) che, inconsapevole[82], da una distanza impossibile, lo vede sul balcone, ne intercetta l'intenzione e si precipita verso di Lui correndo per impedire la caduta sino a crollare sfinito, senza più respiro, sulle strisce pedonali. Lui, scuro in volto, è costretto a ritirarsi, dopo aver strappato un glicine.

Antifrasticamente, la lunghissima ed estenuante corsa/camminata, ripresa in modalità *camera car* a precedere, sembra fare il verso al piano-sequenza di Michel Poiccard (Belmondo) in À *bout de souffle* (1960) di Godard. Il dispositivo costruttivo o modellizzante delle figure e delle configurazioni riprese (da differenti fonti) viene depotenziato ed entra in interferenza con la riscrittura filmica. Su questa base si attivano simultaneamente più piani: quello mediale che assume forme tecnico-linguistiche (culturali e storicizzate) e implica la trasposizione di uno o più

Nostra Signora dei Turchi 1968 (film 124'). Video still. Courtesy Fondazione Centro Sperimentale di Cinematografia, Cineteca Nazionale di Roma

sistemi di segni in un altro sistema di segni; quello critico che mette in atto relazioni e operazioni decostruttive, innescando processi trasformativi; quello transtestuale che concerne non tanto ciò che si vede puntualmente dietro un'immagine - per tracce palintestuali o per stratificazione fossili - quanto piuttosto l'operazione decostruttiva che si produce attraverso un'immagine che si pensa criticamente e trasformativamente in relazione a un'altra immagine.

Rispetto a quanto attiene alla riscrittura filmica del testo letterario ciò che emerge è una profonda ri-configurazione/ri-testualizzazione performativa del romanzo *nel* film che procede secondo differenti modalità relazionali (non mutuamente esclusive) per:

[1] *scomposizione* (le sequenze dei "rituali" sono sconcatenate attraverso inquadrature istantanee, inserti che si presentano anaforicamente in momenti differenti: ad esempio, l'inquadratura del turco fuggiasco nella sequenza dell'*Adhān* o le immagini del Palazzo Moresco di Santa Cesarea Terme entro la sequenza della cripta-ossario della Cattedrale di Otranto);

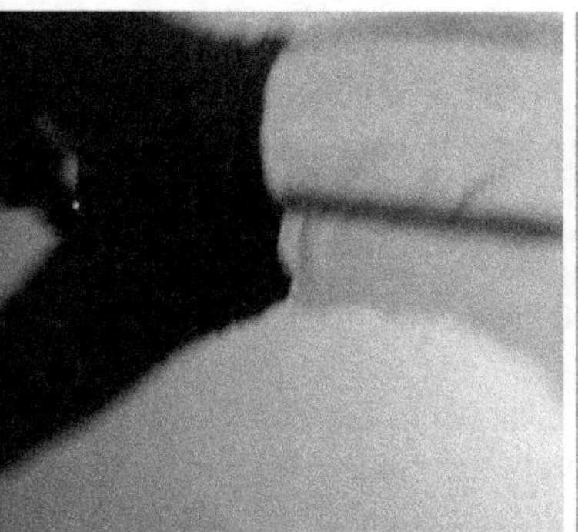

[2] *sincretizzazione* (differenti "rituali", che si svolgono in momenti diversi, confluiscono e si confondono in un'unica situazione, come accade nella scena dell'apparizione di Santa Margherita o nella scena della barca, in cui si stratificano diversi momenti del romanzo);

[3] *sottrazione* (il concilio dei vescovi che si riunisce per la santificazione di Lui quale martire *revenant* e per i fatti d'Otranto del 1480 cui si allude nel romanzo, ad esempio, nel film è stato criptato);

[4] *addizione* (per esplicitare o espandere visivamente passaggi impliciti e/o ellittici del romanzo; ad esempio la frase cui si è fatto cenno: «Era ormai sulla pubblica piazza»[83] si traduce nella scena del film in cui Lui, nella piazza di Santa Cesàrea Terme, si fa un'iniezione, atto auto-terapico esibito in pubblico);

[5] *commutazione* (come accade nel già citato rituale in cui Lui vaga su una terrazza inventandosi "moltitudini" in preghiera e dove all'*Angelus* si sostituisce l'Adhān);

[6] *disgiunzione* del piano della parola e della voce dal piano visivo in chiave performativa e in modalità "visione libera indiretta" di ampi passaggi del romanzo (esemplare nella scena del "monologo dei cretini")[84];

[7] *dissociazione* tra la parola e la voce dal corpo che l'emette:

7.a. parole mute, suoni insonori (l'urlo muto di Lui nell'abbraccio di Santa Margherita) o rumori irrompenti con un fragore inusitato (lo schianto del baule o il rumore impulsivo del pallone nella già citata scena dello sdoppiamento Santa Margherita/Rita);

7.b parole fuori sincrono in ritardo/anticipo (come accade nel dialogo tra Lui e Santa Margherita nella già citata scena della barca e nella scena dello sdoppiamento di Santa Margherita/Rita o in quella della "parodia del ricordo": le immagini sono qui in bianco e nero, e solamente nella versione filmica di 124' appaiono segnate, ferite da graffiature, bruciature, raschiature, strappi, tagli);

[8] *corrispondenza ripetitiva* (come accade, ad esempio, nell'anticipazione in voce *over* di ciò che si presenterà anche in immagine, ma in un altro momento);

[9] *sovrapposizione* e *mostrazione* istantanee (ad esempio, gli enunciati: «Si precipitava nella legnaia giù nel cortile e, ricavatone un paio di stampelle, risaliva le scale, rientrando agilissimo sui legni, ma per l'ingresso principale [...]. Quella sera si meritava un'ovazione» si traducono performativamente nel film solo in immagine attraverso poche inquadrature giustapposte);

[10] *dislocazione*. Si tratta di una modalità relazionale complessa, in quanto certi passaggi narrativi del romanzo, pur non trovando una trasposizione puntuale o localizzabile nel film, sono tuttavia implicati: essi operano sui ripiegamenti dello spazio-tempo in immagine e in rapporto al sostrato visivo che genera il mondo di *Nostra Signora dei Turchi* che, a sua volta, è generato dall'autobiografia reale/immaginaria. Come accade, ad esempio, con l'isotopia e le figure dello specchio.

Nel complesso, la traccia del romanzo nel film genera una dispersione orale dello scritto; sul piano dell'oralità e della parola non c'è, nel film, una dimensione letteraria che residui in quanto le relazioni tra la voce e le figure della corporeità/corporalità apportano delle modificazioni al testo. La voce è staccata dal corpo dialogicamente in asincrono o nella contrazione di frasi sconnesse, oppure si distende nel flusso del discorso libero indiretto come da un altrove, da un fuori campo assoluto: «C'erano lettere che non spediva. [...] Rileggere quei documenti equivaleva a derubare se stesso. Avrebbe dovuto sorprendersi quando magari era assente. Avrebbe dovuto assentarsi, agire fuori di sé [...]»[85].

La partenza è un «[...] assentarsi per permettere quanto avrebbe dovuto impedire. [...] Andare incontro a se stessi, anche malgrado»[86]. Gli anacoluti (e gli asindeti), come rileva Jacques Aumont, implicano nella "scrittura" beniana una «[...] disseminazione del senso e delle sensazioni, che gioca senza limite alcuno con il principio del montaggio»[87].

Si tratta qui del rituale che in un passaggio del romanzo motiva la scelta della partenza/ritorno di Lui[88]. Lui agisce fuori di sé e prima di assentarsi inchioda porte e finestre, mura le soglie per poter poi, al ritorno, schiodarle, divellerle e abbatterle[89].

Nel film la scena della partenza viene anticipata attraverso un procedimento allegorico quasi ad *incipit* (per poi venire ripresa anaforicamente in altro momento) e presentata nella modalità dell'autoimpedimento. Come si approfondirà, qui l'autoimpedimento alla partenza e il superamento dei legami che la rendono possibile/impossibile agiscono performativamente. Lui, a terra con le braccia legate dietro la schiena, si affanna per afferrare come può, con la bocca e con le mani impedite dal laccio, degli oggetti da riporre dentro una valigia: elenchi telefonici[90] e una bandiera italiana[91]; quest'ultima, nei suoi rituali, appartiene, come sopra detto, alla serie degli «oggetti della provocazione»[92].

Si tratta, dunque, di analizzare il mutare del grado di incidenza della dimensione performativa nel passaggio dalla dimensione letteraria a quella filmica. Su questo piano, vanno rilevate le incursioni performative con cui Bene, attraverso l'immaginario, interferisce concretamente con la realtà mettendo in atto comportamenti pubblici e/o privati ed evidenziando, in questo modo, la misura antropologica del suo *cinéma vérité*. Ad esempio, nel rituale della partenza/arrivo, si infiltra (con due ingombrantissime valigie) nottempo nella festa patronale di Santa Cesàrea Terme, per poi simulare un malore in mezzo alla folla e cadere a terra, in modo che la sua presenza possa trovare lì testimonianza; oppure, lo si è già ricordato, si fa un'iniezione in pubblica piazza con le forze dell'ordine ben visibili sullo sfondo delle inquadrature, a sorvegliare il traffico e a presidiare le riprese sul set; oppure, ancora, quando interrompe il traffico come accade nella breve sequenza del "funerale" messo in scena sulla strada (la bara è qui un tavolino in nero e in oro): le riprese sono nascoste, si vede un autista stupefatto che, sceso da un pullman, redarguisce con gesti enfatici i due ragazzini officianti.

1. Il *corpus* filmico di Carmelo Bene, conservato presso la Cineteca Nazionale di Roma, è composto dal mediometraggio *Hermitage* (1968, 35mm, 25') e dai lungometraggi *Nostra Signora dei Turchi* (1968, 16mm-35mm), *Il barocco leccese* (1968-35mm, 6'), *Capricci* (1969 16mm-35mm, 95'), *Don Giovanni* (1970, 16mm-35mm, 70'), *Salomè* (1972, Super-16-35mm, 80'), *Un Amleto di meno* (1973, Techniscope, Technicolor 35mm, 70'). I mediometraggi *A proposito di "Arden of Feversham"* (1968, 35mm, 20' circa) e *Ventriloquio* (1969, 16mm, 17') sono irreperibili.

2. Dopo l'interruzione del Festival di Cannes (per effetto di una azione collegata tra gli studenti in rivolta a Parigi e i registi impegnati francesi), anche la XXIX Mostra Internazionale d'Arte Cinematografica di Venezia fu oggetto di contestazione, ma si aprì ugualmente, anche se con due giorni di ritardo. *Nostra Signora dei Turchi* fu proiettato il 3 settembre (alle ore 22.00); ottenne Premio Speciale della Giuria *ex aequo* con *Le Socrate* (*Il Socrate*) di Robert Lapoujade. La Giuria era presieduta da Guido Piovene.

3. Originato dal pretesto di girare nel Salento i tre documentari per la Nexus Film di Giorgio Patara, il progetto si colloca nel quadro dei film a basso costo nel quale si inscrivono, oltre alle cinematografie di ricerca, sperimentali e d'avanguardia, anche il cinema documentario, l'inchiesta e il documentario tout court.

4. Un primo progetto di restauro di tutti i film diretti da Carmelo Bene è stato avviato dalla Cineteca Nazionale di Roma nel 2000. Il restauro di *Nostra Signora dei Turchi*, a cura di Fulvio Baglivi e Roberto Taruffi con la supervisione di Sergio Toffetti, è stato realizzato nel 2008 presso il laboratorio Eurolab. La versione di *Nostra Signora dei Turchi* rinvenuta negli archivi della Cineteca Nazionale misura 3884 metri ed è probabilmente il montaggio originale del film voluto da Bene, che in seguito lo ridurrà a 3468 metri prima della presentazione alla Mostra Internazionale d'Arte Cinematografica di Venezia del 1968, l'ultima diretta da Luigi Chiarini. La pellicola originale Ektachrome 16mm e la colonna sonora ottica sono state trasferite su supporto digitale ad alta risoluzione e in seguito riportate su supporto negativo 35mm. Fulvio Baglivi, Maria Coletti, *Carmelo Bene. Il cinema, oppure no*, cit., p. 88.

5. Si tratta della versione ristampata e presentata nella retrospettiva *Questi fantasmi* alla Mostra internazionale d'Arte Cinematografica La Biennale di Venezia del 2008. Fulvio Baglivi, *(Ri)epilogo – 2: non abbiamo altro bene all'infuori di Bene*, in *Carmelo Bene. Il cinema, oppure no*, cit., nota 2, p. 79.

6. Rinvenuto presso la Microstampa, "il girato" di *Nostra Signora dei Turchi* (660') è stato depositato presso la Cineteca Nazionale di Roma; si tratta dei "giornalieri" stampati in bianco e nero, controtipo (negativo ricavato da positivo) per le lavorazioni. Dopo il ritrovamento, i materiali sono stati telecinemati da Antonio Commentucci e postprodotti da Martina Caggianelli (Fondazione CSC, collaborazione tra la Cineteca Nazionale e la Scuola Nazionale di Cinema).

7. Gérard Genette, *Palinsesti. La letteratura al secondo grado*, cit.; Id., *Soglie. I dintorni del testo* (1987), Einaudi, Torino 1989.

8. Gérard Genette, *L'opera dell'arte. I. Immanenza e Trascendenza*, cit.; Id., *L'opera dell'arte. II. La relazione estetica* (1997), Bologna, CLUEB, Bologna 1998.

9. Gérard Genette, *Palisensti. La letteratura al secondo grado*, cit., 1997.

10. Gérard Genette, *L'opera dell'arte. I. Immanenza e Trascendenza*, cit. p. 220.

11. Carmelo Bene, *Opere con l'Autografia d'un ritratto*, Bompiani, Milano 1995, p. 5.

12. Michel Foucault, *L'uso dei piaceri* (1984), Feltrinelli, Milano 1984, pp. 13-14.

13. Maurizio Grande, "Arte e Messinscena", in Maurizio Grande (a cura di), *Carmelo Bene e il circuito barocco*, Bianco e Nero, 11/12, 1973, p. 93.

14. Jacques Aumont, *Notre-Dame des Turcs, Carmelo Bene 1968*, Aléas cinéma, Lyon 2010.

15. Di Ignazio di Loyola - nella biblioteca di Bene - vi sono gli *Esercizi spirituali* (Tea, Milano 1977) e *Gli Scritti* (UTET, Torino 1977). Cfr. Roland Barthes, *Sade, Fourier, Loyola* seguito da *Lezione* (1971, 1977), Einaudi, Torino 2001.

16. La leggenda narra della strage di cristiani compiuta dai turchi di Maometto II guidati dal capitano Gedik Ahmed Pascià a Otranto nel 1480, dopo un assedio durato due settimane (senza che né Ferdinando d'Aragona e né il papa Sisto IV intervenissero): molti abitanti della città caddero in difesa delle mura e divennero martiri della patria; altri ottocento e più "cristiani" inermi, rifugiatisi nella Cattedrale, divennero martiri della fede, rifiutando l'abiura e accettando la decapitazione. La strage ebbe luogo sul colle di Minerva; le ossa di duecentosessanta degli ottocento martiri della fede vennero portate nella ottagonale "Cappella dei martiri" della Cattedrale di Otranto, mentre le altre vennero fatte traslare a Napoli da Ferdinando d'Aragona.

17. Sigmund Freud, "Ricordi di copertura" (1899), "Ricordi di infanzia e di copertura", Id., *Psicopatologia della vita quotidiana* (1901), in *Freud Opere* (1900-1905), vol. IV, Bollati Boringhieri, Torino 1970, pp. 93-100; Id., *L'uomo Mosè e la religione monoteistica: tre saggi* (1934-1938), in *Freud Opere* (1930-1938), vol. XI, Bollati Boringhieri, Torino, 1979, pp. 395-401.

18. Gilles Deleuze, *Cinema 2, L'Immagine tempo*, cit., pp. 93-97.

Il libro, presente nella biblioteca di Carmelo Bene, a pagina 83 e a pagina 93 ha sottolineature diverse sia nella copia in francese (donatagli da Deleuze) sia in quella italiana.

19. Carmelo Bene, *Nostra Signora dei Turchi* (1966), Sugar, Milano 1978, p. 105.

20. Il riferimento autobiografico è alla prima moglie, Giuliana Rossi.

21. Ad *incipit* del romanzo: «Amami! È tanto, sai, è tanto se abbiamo salvato gli occhi! Flora, vestiti e vattene! Non c'era nessuna Flora. Oppure s'è vestita e se n'è andata. Tornando verso lo specchio: adorami!... » [rimando ad *Hermitage*]. Ad *explicit*: « – Si sono svegliati, Flora... Vestiti e vattene! — disse piano scoprendo il lenzuolo deserto. Non c'era nessuna Flora. Oppure s'è vestita e se n'è andata». Carmelo Bene, *Nostra Signora dei Turchi*, cit., p. 17, p. 156.

22. Se, come è stato detto, dopo Rimbaud, Huysmans e Proust, nel romanzo la dissociazione di chi dice "io" non è nuova, nella versione letteraria di *Nostra Signora dei Turchi* la coestensività del reale/immaginario precipita nella molteplicità degli "io" e degli "egli" - che nel testo letterario giocano sia con i livelli narrativi extradiegetico e intradiegetico sia con le relazioni di "persona" eterodiegetiche e omodiegetiche, nonché con le variazioni della distanza narrativa - e oggettiva, tra le altre figure, anche quella di un narratore (narratore enunciato).

23. Carmelo Bene, *Opere con l'Autografia d'un ritratto*, cit., p. 5.

24. Pierre Klossowski, "Cosa mi suggerisce il gioco ludico di Carmelo Bene", in Carmelo Bene, *Otello o la deficienza della donna*, Feltrinelli, Milano 1979, pp. 11-18.

25. Jacques Fontanille, *Figure del corpo. Per una semiotica dell'impronta*, Meltemi, Roma 2004, p. 34.

26. «La narrazione deriva dallo schema

senso-motorio e non viceversa», Gilles Deleuze, *Cinema 2, L'Immagine tempo*, cit., p. 301.

27. Carmelo Bene, *Nostra Signora dei Turchi*, cit., p. 15, p. 31.

28. *Ivi.*, p. 21.

29. Michel Foucault, "Eterotopie" (1969), in Id., *Archivio Foucault 3. 1978-1985. Estetica dell'esistenza, etica, politica*, Feltrinelli, Milano 1998

30. Carmelo Bene, *Nostra Signora dei Turchi*, cit., p. 111.

31. *Ivi*, p. 21.

32. Christian Metz, *L'enunciazione impersonale o il luogo del film* (1991), ESI, Napoli 1995, p. 91.

33. Carmelo Bene, *Nostra Signora dei Turchi*, cit., p. 51.

34. Jacques Aumont, *Notre-Dame des Turcs* (Carmelo Bene, 1968), Aléas cinéma, Lyon 2010.

35. Gilles Deleuze, *L'Immagine tempo*, cit., pp. 166-167.

36. Pascal Bonitzer, *Le Champ aveugle. Essai sur le cinéma*, Cahiers du cinéma, Gallimard, Paris 1992.

37. Corrado Augias, "Una raccolta di memorie divertente e feroce l'ultimo spettacolo di Carmelo Bene", in *Sipario*, n. 249, gennaio 1967, p. 30; Franco Quadri, "Carmelo Bene", in Id., *Tradizione e ricerca. Il teatro degli anni Settanta*, Einaudi, Torino 1982, pp. 317-318.

38. Salvatore Vendittelli, *Carmelo Bene tra teatro e spettacolo*, cit., p. 86.

39. Nel secondo atto invece «[...] vengono aperte le vetrate del palazzo moresco [...] le voci e i gesti sono nitidamente individuabili, mentre raramente subentrano i disturbi - ironici o stranianti - della voce e della musica fuori campo». Filippo Bettini, "Nostra Signora dei Turchi. Le metamorfosi della contraddizione. Da un teatro del vitalismo ad un teatro della differenza",

in Filippo Bettini, Francesco Salina (a cura di), "Il nuovo teatro di Carmelo Bene", in *Quadrangolo* n. 5, 1976, p.78, p. 80.

40. Maurizio Grande, "La scena del riflesso" (Note per una ripresa)", in "Il nuovo teatro di Carmelo Bene", in *Quadrangolo* n. 5, 1976, p. 81-83.

41. *Ivi*, p. 83.

42. Si registra una discontinuità, come sottolinea Filippo Bettini, segnata da «[...] l'abbandono delle originarie direzioni della crudeltà fisica e del dinamismo dell'articolazione spazio-temporale dello spettacolo»; si evidenzia il carattere passato del «[...] vitalismo delle tensioni cinetiche ed autodecostruttive dell'evento scenico e della figura demiurgica del suo interprete: Carmelo Bene autore-attore-regista». Filippo Bettini, "Nostra Signora dei Turchi. Le metamorfosi della contraddizione", cit., p. 77; anche Maurizio Grande osserva: «[...] questa ripresa di *Nostra Signora dei Turchi funziona* come *antiprovocazione*, poiché viene rifiutata l'aggressione iperbolica della platea, del pubblico; viene scartata l'illusione della provocazione o dell'eversione o della dissacrazione». Maurizio Grande, "La scena nel riflesso (Note per una ripresa)", cit., pp. 81-84.

43. Filippo Bettini, "Nostra Signora dei Turchi. Le metamorfosi della contraddizione", cit., p. 76.

44. Cosetta G. Saba, *Carmelo Bene*, cit., pp. 105-133.

45. Gilles Deleuze, "Un manifesto di meno, cit., pp. 69-73.

46. Carmelo Bene, *La voce di Narciso*, il Saggiatore, Milano 1982.

47. Corrado Augias, "Una raccolta di memorie divertente e feroce l'ultimo spettacolo di Carmelo Bene", cit., pp. 30-31.

48. Franco Quadri, "Carmelo Bene", cit., p. 318.

49. Filippo Bettini, "Nostra Signora

dei Turchi. Le metamorfosi della contraddizione", cit., p. 60.

50. Carmelo Bene, *Nostra Signora dei Turchi*, cit., p. 105.

51. Franco Quadri, "Carmelo Bene", cit., p. 371

52. Maurizio Grande, "La scena del riflesso" (Note per una ripresa)", cit., p. 83.

53. Carmelo Bene, *Il rosa e il nero. Versione teatrale n. 1 da "Il monaco" di Matthew Gregory Lewis*, Giusti, Firenze 1979, ora in. Id., *Opere con l'Autografia d'un ritratto*, cit., pp. 675-748; la versione teatrale de Il *rosa e il nero*, invenzione da *Il Monaco* di Lewis va in scena Teatro delle Muse, a Roma, il 12 ottobre 1966.

54. Michael Kirby, *Happening, Antologia Illustrata. Scritti e realizzazioni di Jim Dine, Red Grooms, Allan Kaprow, Claes Oldenburg, Robert Withman*, cit., p. 26.

55. Carmelo Bene, Giancarlo Dotto, *Vita di Carmelo Bene*, cit. p. 109; p. 138.

56. *Ivi*, p. 237. Cfr. Maurizio Grande, "La grandiosità del vano", in Carmelo Bene, *Lorenzaccio*, Nostra Signora Editrice, Firenze 1986, pp. 86-155. Versione teatrale: *Lorenzaccio, al di là di De Musset e Benedetto Varchi* - Ridotto del Teatro Comunale, Firenze 4 novembre 1986.

57. Deleuze isola (nel *Riccardo III*, in *Giulietta e Romeo*, in *S.A.D.E*, nel ciclo filmico) e descrive il *modus operandi* di Bene, ossia la «messa in stato di variazione continua» in cui sono posti i corpi, le voci, le parole, i suoni, i gesti, ma anche gli cose-oggetti e i mezzi tecnico-linguistici (luci, playback, strumentazione fonica; movimenti di macchina, montaggio audio-visivo) e, attraverso di essi, i testi, i linguaggi che fungono da materie, da materiali compositivi. Gilles Deleuze, "Un manifesto di meno", cit., pp. 81-86.

58. Carmelo Bene, *L'orecchio mancante*, Feltrinelli, Milano 1970.

59. Secondo la ricostruzione di Vendittelli: «Il Cavaliere, invece d'immolarsi in paradiso, morirà alla fine di un'orgia gastronomica-sessuale, con grande consumo di spaghetti, nella minuscola ribalta mentre, perdendo pezzi di armatura, spallacci, elmo e cosciali, con uno sconquasso fragoroso, tenta un buffo approccio amoroso, e trovandosi nella impossibilità di farlo, muore con un colpo di rivoltella sulla ribalta. Uno del pubblico gridò: "Meglio tardi che mai!". C'era in questo spettacolo la volontà di esibirsi *contro* il pubblico, di recitargli contro dopo averlo invitato [...]. Una teatralità anti-teatrale». Salvatore Vendittelli, *Carmelo Bene tra teatro e spettacolo*, cit., p. 89.

60. Esemplare in tal senso la ricerca su *Riccardo III* di William Shakespeare i cui esiti, nella ri-scrittura/di-scrittura delle versioni letteraria e teatrale del *Riccardo III di Carmelo Bene* (1977-78), sono stati analizzati da Gilles Deleuze in "Un manifesto di meno", cit., pp. 69-92.

61. Carmelo Bene, Giancarlo Dotto, *Vita di Carmelo Bene*, cit., p. 210.

62. Carmelo Bene, *Nostra Signora dei Turchi*, cit., pp. 45-46.

63. Alla voce di Lydia Mancinelli si sovrappone continuamente un'altra voce *over*, quella di Arnoldo Foà che recita *Alle cinque della sera* di García Lorca.

64. «A questo punto la Santa non era più in piedi [...]». «Risalito in camera, [...], prese a scrivere [...]: la Santa non era più in piedi [...]», Carmelo Bene, *Nostra Signora dei Turchi*, cit., pp. 30-31.

65. «I prestiti, i calchi, le imitazioni, gli adattamenti di figure significanti (più generalmente tutto il vasto campo di quelle che chiameremo le *interferenze* semiologiche da un'arte all'altra [...]) si danno senza profonde distorsioni del significante e del significato e non si può pretendere che la stessa figura "passi" da un'arte all'altra senza cedere a un abuso del linguaggio poiché, al termine

di questo "passaggio", la figura non è più precisamente la stessa di prima [...]». Christian Metz, *La significazione nel cinema* (1972), Bompiani, Milano 1975, pp. 184-185; pp. 195-196.

66. Umberto Eco, *Dire quasi la stessa cosa. Esperienze di traduzione*, Bompiani, Milano 2003.

67. Jacques Aumont, *A cosa pensano i film* (1996), ETS, Pisa 2007, pp. 119-120.

68. Carmelo Bene, *Nostra Signora dei Turchi*, cit., p. 40.

69. Jean-Paul Manganaro, "Carmelo Bene: lo splendore dell'illusione", in Daniela Lancioni (a cura di), *Benedette foto! Carmelo Bene visto da Claudio Abate*, Skira, Milano 2012, p. 30.

70. La citazione filmica attiene alla latitanza di Bene che, dopo *Cristo 63* e la chiusura del Teatro Laboratorio, giocoforza, girava fuggiasco «travestito da arabo alla maniera berbera» essendo quella l'unica veste (un dono) che gli era riuscito di recuperare. Carmelo Bene, Giancarlo Dotto, *Vita di Carmelo Bene*, cit., p. 133.

71. In una sequenza di inquadrature in campo e controcampo, Lui saluta ripetutamente dei contadini del luogo (delle comparse) dicendo loro in asincrono "buona sera" e quelli, a terra, in *semiplongée*, in differenti surreali configurazioni coreografiche *à la* Busby Berkeley, in risposta, si tolgono ripetutamente il cappello.

72. Carmelo Bene, *Nostra Signora dei Turchi*, cit., pp. 42-43; pp. 47-48.

73. *Ivi*, p. 42.

74. *Ivi*, p. 133, pp. 103-104.

75. Peter Bürger, *Teoria dell'avanguardia* (1974), Boringhieri, Torino 1990, pp. 129-143.
Cfr. Craig Owens, "The Allegorical Impulse: Toward a Theory of Postmodernism Part 1", in *October*, vol. 12, Spring, 1980, pp. 67-86; Id., Craig Owens, "The Allegorical Impulse: Toward a Theory of Postmodernism Part 2", in *October*, vol. 13, Summer, 1980, pp. 58-80.

76. Umberto Eco, *Semiotica e filosofia del linguaggio*, Einaudi, Torino 1984.

77. Jacques Derrida, "Freud e la scena della scrittura" (1966), in Id., *La scrittura e la differenza* (1967), Einaudi, Torino 1971, pp. 255-297.

78. Carmelo Bene, *Nostra Signora dei Turchi*, cit., p 143.

79. *Ivi*, p. 39.

80. Il riferimento a Francis Bacon probabilmente si dà attraverso *Logica della sensazione* di Gilles Deleuze, editato nel 1981, il libro con dedica del filosofo è annotato a margine da Bene.

81. Carmelo Bene, *Nostra Signora dei Turchi*, cit., p. 64.

82. Cfr. Filippo Bettini, "Nostra Signora dei Turchi. Le metamorfosi della contraddizione", cit., p. 86.

83. *Ivi*, p. 105.

84. *Ivi*, pp. 50-53.

85. *Ivi*, p. 68-69.

86. *Ivi*, p. 70.

87. Fulvio Baglivi, *(Ri)epilogo – 2: non abbiamo altro bene all'infuori di Bene*, in *Carmelo Bene. Il cinema, oppure no*, cit., p. 23.

88. Carmelo Bene, *Nostra Signora dei Turchi*, cit., pp. 68-97.

89. *Ivi*, pp. 70-71.

90. «L'elenco telefonico di Nizza» tra gli «oggetti più impensati». *Ivi*, p. 73.

91. «La sola vista lo faceva imbestialire. La combinazione dei colori aveva deciso [...]. aveva scelto con cura, una volta per tutte, gli oggetti della sua, adottando proprio quelli che lo lasciavano più indifferente. In questo caso era assai lontano da una polemica nazionale. Era, al contrario, l'estremo disinteresse di quell'oggetto a infuriarlo». *Ivi*, p. 31.

92. *Ivi*, p. 19.

Hermitage 1968 (film 25'). Video still. Courtesy Fondazione Centro Sperimentale di Cinematografia, Cineteca Nazionale di Roma

"Io sono nell'immagine" / Memorie del corpo

Il processo di trasformazione che investe l'opera e il suo testo nel passaggio dal linguaggio letterario a quello cinematografico, nonché le differenti modalità di esteriorizzazione della dimensione mentale che ne discendono pongono a tema la morfologia dell'immagine filmica, la non corrispondenza tra l'immagine sonora e l'immagine visiva (non oculare) nelle loro modalità/potenzialità rispetto alle loro concretizzazioni sulla scena e/o sul set. Emergono problemi relativi alla figura, o meglio, alla possibilità della figura, ossia alla figuralità. Detto altrimenti, è soprattutto la configurazione dell'immagine filmica a fare problema, in quanto essa implica non un fare vedere gli oggetti e i corpi, ma la loro stessa visibilità; più precisamente, si tratta di far vedere la visibilità delle immagini. Il "visibile" non è questione ottica o uso empirico dell'occhio, ma è costituzione di visibilità: un vedere e un far vedere che concerne *anche* il vedere o il non vedere ciò attraverso cui si vede (il diafano).

Il film *Nostra Signora dei Turchi* si apre silenziosamente allo sguardo attraverso immagini dalle cui velature si intravedono in dettaglio e in campo lungo uno spazio architettonico e il paesaggio d'intorno, la cui dimensione iconica viene deformata; si tratta di immagini erranti, notturne e diurne, sulle quali, distaccandosi, entra in sovrapposizione la parola nella voce *over* di Carmelo Bene.

Le immagini, divenendo liquide, differiscono la vista dal visibile, opacizzano e macchiano la trasparenza. Esse si dischiudono allo sguardo sospendendo la lettura iconica dello spazio architettonico e del paesaggio in un fluido movimento mentale *e* corporeo, come in una fantasmatica soggettiva libera indiretta. È lo spazio architettonico che la voce (*over*) nomina e descrive per nominare e situare coreferenzialmente la presenza di Lui: «Attiguo a casa sua stava un palazzo moresco [...]»[1]. Nondimeno, la voce (*over*) dice qui quello che né si vede né più si può vedere nell'immagine.

Non solo. Per Carmelo Bene si tratta di oggettivare, di mettere in figura il corpo proprio, il corpo attoriale, quale "teatro dell'Io" o, più precisamente, quale luogo di proiezione dell'Io come Altro. L'"Io sono nell'immagine" è il punto da decostruire sul piano dell'enunciabile, del dicibile e del visibile. Non a caso, i ripetuti tentativi di giungere al nulla, di dischiudere il vuoto tra il gesto e l'azione, già in *Hermitage* e poi in *Nostra Signora dei Turchi*, si attivano attraverso il mezzo cinematografico introducendo una dissociazione ulteriore: chi guarda e vede è implicato dall'immagine, è nell'immagine e, insieme, è staccato da essa; chi guarda è ciò che residua, ovverosia il corpo dell'attore *sub specie imaginis*, mostrato, oggettivato dalla cinepresa e dal montaggio. L'immagine filmica porta a emersione il problema della flagranza di ciò che si mette in gioco nello spazio dell'inquadratura, dove il corpo attoriale, attraverso pratiche reali/immaginative o rituali, si installa e si espone sospendendo o estendendo il gesto performativo in una durata che sprofonda nel tempo.

Attraverso il montaggio audio-visivo, infine, dal taglio tra la voce e il corpo attoriali, Bene estrae la voce, separata, autonoma, illocalizzabile, sempre altrove rispetto al corpo, come accade esemplarmente nella sequenza del "monologo dei cretini"[2]. Come si dirà [cfr., pp. 170-180], la stratigrafia compositiva della sequenza è complessa; si assiste a ciò che Deleuze definisce «eautonomia» dell'immagine sonora e dell'immagine visiva discendente dalla loro disgiunzione e che, nondimeno, implica una relazione audiovisiva, «un rapporto libero indiretto»[3]. Ma l'immagine sonora e l'immagine visiva, dicendo quel che dicono «sui cretini che vedono o non vedono la Madonna», dicono altro e sembrano operare criticamente sulla relazione tra Soggetto e Oggetto, ripresa da un passaggio di *Hermitage* (1968), qui rielaborata performativamente e trasformata concettualmente sul piano visivo. L'avvio letterario del «monologo dei cretini» filmicamente riscritto espande ed estenua sul solo piano visivo la dimensione performativa:

> [...] si provò a volare, dal piano del tavolo al letto. Non toccò la sponda e cadde riverso. Essendosi librato a mo' degli angeli, ne seguì una caduta rovinosa che gli valse la frattura di una gamba. Si trascinò carponi verso l'armadio dei medicinali, ne trasse una garza che imbevve nel whisky e se ne fasciò dal piede destro alla coscia [...][4].

Nella forma teatrale, come riferisce Giuseppe Bartolucci, il "monologo dei cretini" trova manifestazione attraverso il

> [...] movimento corporeo del protagonista in rapporto alla disposizione strutturale della scena. Mentre infatti quest'ultima, in quanto luogo di differenziazione e non di identità, tende quasi sempre a riassorbirlo in sé e ad disperderne i contorni, egli, ormai accettata la recinzione del suo spazio gestico, cerca a fatica di liberarsi in volo e, senza mai riuscirvi, è costretto ad iterare ritmicamente più volte lo stesso movimento[5].

Nella versione filmica il movimento del corpo attoriale, i gesti performativi captati nel loro stesso farsi, sono restituiti dalla cinepresa nella flagranza di una processualità *in fieri*. Gli atti reiterati - il cadere su se stessi, il trascinarsi, il perdere peso/levitare - sono colti con variabili rapporti di vicinanza/distanza, mostrati da diverse angolazioni e inclinazioni della cinepresa e captati nei punti luce, nelle tracce del bianco delle bende mediche che avvolgono il corpo attoriale immerso nel nero e nel blu fluorescente (luce di Wood) in uno spazio compresso, in un vuoto pneumatico, in uno spazio-tempo raggelato. Il processo di interazione tra il corpo attoriale e la cinepresa è estratto dal girato (dalle *rush*), frantumato e rimodulato dal montaggio in segmenti istantanei che non rendono intelligibili gli atti performativi.

Nella riscrittura filmica del "monologo dei cretini" dischiude in immagine la decostruzione della soggettività in cui si manifestano almeno due livelli intertestuali che concernono, il primo, la già citata ripresa del passaggio performativo di *Hermitage* e il secondo l'estensione dal piano letterario a quello visivo delle figure della "benda" e del "corpo bendato", che sarà oggetto di analisi nel prossimo capitolo.

Al primo livello, viene trasformato il processo di "oggettivazione" del corpo attoriale già avviato nella versione filmica di *Hermitage* (che, a sua volta, era prefigurato nel racconto breve omonimo: «Guardò sul tavolo i fiori artificiali stralunati. Fu tentato di mettere il vaso nel letto al posto suo e lui sul tavolo al posto del vaso»)[6].

La variante filmica di *Hermitage* si complica: su di un tavolo, in un vaso, un mazzo di rose artificiali celesti-blu sembra essere dotato della capacità di guardare. Capacità, questa, che corrisponde a una delle definizioni dell'*esperienza dell'aura* fornite da Walter Benjamin: «Chi è guardato o si crede guardato alza gli occhi. *Avvertire l'aura di una cosa significa dotarla della capacità di guardare*»[7]. Lo "sguardo" dei fiori artificiali è reso attivo anche nel controcampo musicale verdiano da *Un ballo in maschera*. Va rilevata l'articolazione, già godardiana, del montaggio tra "piani sonori" e "piani visivi" nei quali il suono si sospende. Nondimeno, ciò che risulta centrale è il tentativo di oggettivazione del corpo attoriale nella dimensione dell'inanimato che si attiva per sostituzione: Bene pone il proprio corpo al posto del vaso di rose sul tavolino (entrando in un fascio di luce azzurrognola orientata dall'alto) e il vaso di rose celesti al suo posto, sul letto, tra il bianco dei guanciali.

Diversamente, in *Nostra Signora dei Turchi*, nella prima fase della sequenza del "monologo dei cretini", dopo una caduta, il corpo attoriale, trascinandosi carponi nella stanza, raggiunge il tavolo sul quale Lui ha visto un vaso di fiori; passa poi sotto il tavolo, si rialza dal lato opposto e si pone accanto al vaso di fiori. Sale, infine, sul tavolo e vi si posa in piedi: la cinepresa lo segue e inquadra solo il volto, illuminato dall'alto, come se Lui fosse i fiori [cfr., p. 136].

Il passaggio filmico sembra implicare lacanianamente la "visualità" e lo "sguardo" nonostante Bene abbia letto i testi di Jacques Lacan solo successivamente e comunque non in relazione al Seminario XI del 1964[8]. Non è più solo questione che il soggetto sia sotto lo sguardo dell'oggetto (come in *Hermitage*), quanto piuttosto che l'immagine sia negli occhi, nello sguardo (situato) del soggetto guardante e, insieme, che il soggetto guardante sia nell'immagine. Ma questo "sguardo" situato del mondo[9] è uno sguardo che precede il soggetto: «[...] io non sono semplicemente quell'essere puntiforme che si orienta rispetto al punto geometrico da dove si coglie la prospettiva. Indubbiamente, in fondo al mio occhio si dipinge l'immagine. Certo, l'immagine è nel mio occhio. Ma io, io sono nell'immagine»[10]. Come il linguaggio, così lo sguardo inscritto in immagine precede il Soggetto; nondimeno chi va a occupare il posto vuoto del Soggetto, nell'osservare un'immagine, guarda e vede, è implicato nell'immagine: è nell'immagine e, simultaneamente, è al di fuori di essa. Tale implicazione è ciò che la prima fase della sequenza del "monologo dei cretini" sembra decostruire rendendo equivalenti il soggetto e l'oggetto, rovesciando la dimensione del dentro in quella del fuori e attivando insistentemente lo spazio oltre lo schermo, l'anonimità dello spazio spettatoriale.

Lo si ribadisce: per Bene l'«io sono nell'immagine» è il punto da decostruire sul piano dell'enunciabile e del visibile[11]. A queste date, i reiterati tentativi di far emergere il vuoto all'interno dell'atto performativo (afasia/aprassia) concernono la decostruzione del Soggetto. Operazione il cui medium è il corpo attoriale che in *Nostra Signora dei Turchi* si attiva performativamente. Si tratta di una corporeità/corporalità che mira all'oggettivazione - all'"in-animazione" - sperimentata da Bene attraverso il cinema, ma avviata e perseguita nel corso della sua ricerca nelle varianti di *Pinocchio* (versioni 1961, 1966, 1981, 1999), in *Lorenzaccio, al di là di de Musset e Benedetto Varchi* (1986), nella *Cena delle beffe* (1974, 1989) sino al progetto-ricerca *Achilleide* (*da Stazio, Kleist, Omero e post-omerica*, 1989) e a *Pentesilea, Carmelo Bene - In-vulnerabilita' d'Achille (tra Sciro e Ilio)* (1990, 2000). Ricerca che, partita dalla macchina attoriale, giunge al pensiero dell'inorganico e infine approda all'inabissarsi della voce stessa nell'"orale scritto" de *l' mal de' fiori* (2000).

Nella versione filmica di *Nostra Signora dei Turchi* i rituali (sessioni performative il cui campo scenico, disseminato da cose-oggetti, è catalizzatore di auto impedimenti) definiscono lo spazio-tempo reale/immaginario in cui si attivano - come esercizi - i processi decostruttivi del Soggetto enunciativo e della soggettività; essi sono "teatro" delle dissociazioni dell'Io in cui il corpo attoriale di Carmelo Bene è posto. Su questa base viene in chiaro come, da una distanza critica, *cinematograficamente*, il corpo attoriale si metta in discussione mettendo in gioco la propriocettività (interocettività/esterocettività) del "corpo-attante" nel "corpo figura"[12] attraverso una serie di rituali o di pratiche performative che, come si è detto, attengono a una serie di esercizi immaginativi e implicano il vedere se stessi in un modo affatto particolare: vedere se stessi come altro (in quanto *altro*), essere l'altro, l'"essere dappertutto" intorno all'altro e nell'altro[13]. Il corpo attoriale diviene luogo di proiezione/proliferazione di altri da sé e medium del passaggio ad altri (da) sé. Si tratta di un corpo esausto, che nondimeno non si esaurisce nei ripetuti esercizi di contraffazione dell'identità. L'identità è l'oggetto di una feroce decostruzione che, in modalità autocritica[14], Bene pratica e osserva al di qua e al di là della macchina da presa. Come egli stesso rileva, in riferimento al saggio che Pierre Klossowski gli dedica[15], è «l'*uguale* che si tratta di contraffare e *disintegrare*[16] implicando una dissomiglianza»[17] nel gesto e nella voce per far emergere "la terza dalla prima persona".

Sul piano visivo, i modi di istanziazione testuale dell'"Io" come "Egli" investono le "situazioni", attengono al "corpo attoriale", ineriscono all'"identità corporea" dell'attore[18] e performativamente innescano un processo decostruttivo (mirato al posizionamento attanziale formale e corporale nell'accezione di Jacques Fontanille)[19].

Viene meno l'azione finalizzata a un esito: ne discende la rottura dello schema sensomotorio da cui, secondo Gilles Deleuze, la narrazione deriverebbe[20]. Come rileva da una prospettiva antropologica Piergiorgio Giacchè: «C'è ovunque un gran movimento, pur senza alcun mutamento, giacché *l'inazione non è passività*; non ancora. È piuttosto stare e sostare letteralmente "*in* azione", dopo aver scoperto che il sensazionale destino e il letterale successo di ogni atto è quello di cancellare se stesso»[21].

Si rende visibile come, entro un campo di tensioni rigorosamente preparato, il corpo attoriale di Carmelo Bene performativamente introduca, nella durata del proprio gesto, variazioni di velocità nei movimenti e nei suoni che si modulano attraverso figure ritmiche (prive di significato), tratti sovrasegmentali ed extra-linguistici. Si assiste al dischiudersi nel gesto, nell'atto, di un vuoto. Attraverso il film *si vede* come i circuiti di *impasse* performativa, precipitando i gesti e i movimenti entro una dimensione estensiva di tempo-spazio, siano posti in una situazione di variazione continua «gli uni in rapporto agli altri e ognuno in rapporto a se stesso»[22]. Nella variazione, come rileva Deleuze, «ciò che conta sono i rapporti di velocità e di lentezza, le modificazioni di tali rapporti, in quanto trascinano i gesti e gli enunciati, secondo coefficienti variabili, lungo una linea di trasformazione»[23]. Ciò che interviene nelle traiettorie di un gesto è una "simultaneità contraddittoria", un gesto che «nel suo compiersi si disapprova» - ossia «disapprova l'agire»[24] - in forza di una certa radicalità biopolitica di Bene.

La simultaneità contraddittoria del gesto è una modalità tattica (nell'accezione di Michel de Certeau)[25] che catalizza il conflitto e vi si sottrae; il conflitto è costruito da rapporti di forza e, dunque, di potere (si rimanda qui nuovamente a Deleuze). Il *ductus* del gesto che va a vuoto apre un vuoto ulteriore che diviene supporto per la variazione dell'impedimento in cui l'atto performativo è sospeso[26].

Così, nella processualità dei rituali di *Nostra Signora dei Turchi*, il gesto e l'atto performativo scorrono e si traspongono all'interno dei loro stessi movimenti e contro-movimenti - il partire *e* il ritornare, il distruggere *e* il riparare, il buttarsi a terra *e* il rialzarsi, il gettar via *e* il raccogliere, l'accogliere *e* il respingere, lo stringere a sé *e* lo strappare da sé - con velocità, rapporti temporali e durate variabili che si dispiegano sia visivamente sia sconcatenando il visivo dal sonoro o, più precisamente, in termini deleuziani, sconcatenando l'immagine visiva dall'immagine sonora.

In tale prospettiva analitica, le *rush* di *Nostra Signora dei Turchi* si rivelano come dei peculiari avantesti; come si dirà, essi documentano indirettamente la dimensione performativa per quel che accade nella traiettoria che catalizza un conflitto (rapporti di forza), che inscena una simultaneità contradditoria e che vi si sottrae in una scala di variabili in cui scorre trasponendosi all'interno del suo stesso movimento e contro-movimento (automatismo).

Attraverso le variabili, gli intervalli del movimento e del contro-movimento, si assiste al dischiudersi di un vuoto nel gesto[27]. Su più piani e a diversi livelli *Nostra Signora dei Turchi* si rivela in qualità di "esercizio". È un esercizio sul *linguaggio che agisce* sulla propria forza enunciativa irrompendo come una contestazione erosiva del "Soggetto" che si manifesta nella parodia dell'"Io"[28] e nelle pratiche di contraffazione del Sé. Queste ultime investono il processo di enunciazione e i suoi fondamenti teorici.

In *Nostra Signora dei Turchi* Bene pone la questione cruciale del Soggetto enunciazionale nel suo dispositivo semiotico, questione che, per altre vie e con differenti mezzi, è diversamente messa a fuoco nel corso degli anni Sessanta da Michel Foucault, Roland Barthes, Jacques Derrida.

Bene affronta decostruttivamente la questione del Soggetto dell'enunciazione e della soggettività nel linguaggio, lavora sull'apparato formale della scissione tra enunciazione ed enunciato. Egli interviene sull'operazione di *débrayage* che articola *nell*'enunciato un "io-qui-ora" che *non* è quello dell'enunciazione, mettendola in gioco e criticandola *nel* processo enunciativo mediante la performance attoriale e generando così una sospensione, un istante protratto capace di far balenare «il luogo [...] semioticamente vuoto e semanticamente (in quanto deposito di senso) troppo pieno»[29] che precede ogni operazione di articolazione dell'"io-qui-ora". Si tratta di posti o postazioni - *non-persona, non-luogo, non-spazio* - che ci precedono nel «mormorio anonimo» del «SI PARLA» in cui vengono approntati dei luoghi per i soggetti possibili. Come scrive Deleuze in *Logica del senso* (1969), è urgente nominare ciò che occupa il posto vuoto, o quel «[...] venire a occupare il posto vuoto in cui le potenze impersonali ci colgono e ci costringono a far esistere il pensiero attraverso di noi [...]. Fare circolare la casella vuota e far parlare le singolarità pre-individuali e non personali [...] è il compito che oggi ci pone»[30]. Bene sembra condividere la stessa urgenza.

Ne discendono la vertigine del nulla, il bordo del tempo, il "mormorio dell'anonimato" che riposizionano, avvicendandoli, i rapporti di forza nel "posto vuoto del potere" che (ci) precede. La Storia, per Bene, è sempre un'«immaginaria redazione esemplare delle infinite possibilità estromesse dalla arbitraria arroganza dei "fatti" accaduti (infinità degli eventi abortiti)» o è comunque «un inventario di fatti senza artefici, generati, cioè, dall'incoscienza dei rispettivi attori»[31] per instradare una narrazione.

L'*incipit* di "Autografia d'un ritratto" (*Opere*, 1995) è uno dei luoghi in cui Carmelo Bene affronta direttamente il tema: «Non si nasce a gestire, all'agire-patire: ci è tutto inflitto dalle circostanze, [...] nella recidività della vita, il discorso non apparterrà mai all'essere parlante»[32].

L'antiumanesimo è assoluto e rigoroso (cfr. *explicit* di *Le parole e le cose* di Foucault)[33]; bisogna «rovinare le rovine» (ma a quelle date Bene non aveva ancora letto Alfred Jarry) e scorgere i monumenti come rovine prima ancora che siano caduti[34] (come in Walter Benjamin di *Angelus Novus*, forse mai letto)[35]; la cultura dalla cui presa è necessario sottrarsi è ricondotta a un etimo derivato da "*colo*"[36] (come in Derrida). E tuttavia, proprio in forza di ciò, Bene verifica attraverso il proprio lavoro come non si tratti più (né solo) del dominio del potere con regole, codici e convenzioni in concatenamento con il dominio del sapere, ma di regole, codici e convenzioni "facoltative", scelte in quanto attengono al potere e al sapere esercitati su di Sé, al rapporto col Sé. Non c'è Soggetto, ma produzione di soggettività individuale e/o collettiva, soggettivizzazione, modi di esistenza. Il Soggetto, prima della sua articolazione enunciativa, è la casella vuota, il vuoto in cui trova il proprio spazio il dispositivo semiotico dell'istanziazione dell'"io-qui-ora" e, al contempo, è il campo di oggettivizzazione dei concatenamenti tra saperi e poteri e dei loro punti di emergenza e di dispersione. La soggettività è costruita (interiorizzata) e derivata (dall'esterno);

è la dimensione dell'anonimato il cui precipitato storico attiene ai modi che trasformano gli esseri umani in soggetti.

Entro un tale orizzonte, si tratta per Carmelo Bene di frequentare l'impossibile unitarietà dell'Io e, insieme, di esperire l'impossibilità di presa di congedo dal Soggetto, ma si tratta anche di reagire ai limiti del corpo.

Molto è stato detto e scritto sulla centralità del corpo, su che cosa può il corpo nella pratica beniana. In *Nostra Signora dei Turchi* Carmelo Bene non mostra come i saperi e i dispositivi di potere si articolino direttamente sul corpo, ma ne indica la reazione, fa vedere che cosa può un corpo e agisce performativamente il Sé, il rapporto con il Sé, il Sé come rapporto. Da un lato, egli opera decostruttivamente, per via interdiscorsiva e transtestuale (attraverso certi testi letterari, teatrali, musicali, cinematografici, artistici e filosofici) sui modi di soggettivizzazione e sul corpo, proprio o altrui, quale "teatro" della moltitudine in cui l'Io consiste. Dall'altro lato, pratica l'artificio della vita, ne agisce le virtualità, esperendo una autobiografia immaginaria, in cui realtà e immaginazione in reciproco rimando e continuo scambio sono le dimensioni distinte ma coesistenti di uno stesso percorso esistentivo in divenire. Posta in gioco enunciabile è la distruzione di quel vuoto in cui il Soggetto trova il proprio spazio al di fuori dell'enunciazione stessa che lo definisce e che dischiude la dimensione impersonale, anonima della storia che ci precede (esemplarmente in *Lorenzaccio*, 1986).

La ricostruzione, su base indiziaria, delle fonti letterarie e iconografiche che intessono in *Nostra Signora dei Turchi* la rete transtestuale del lavoro compositivo - le letture, le immagini viste, la cultura musicale - fa emergere un idioletto in formazione, del cui processo definizionale - a quelle date - sembra essere un viatico il saggio "Che cos'è la scrittura?" di Roland Barthes che Bene legge nell'edizione Lerici del 1960 con la traduzione di Giuseppe Bartolucci[37]. Nel saggio, Barthes sostiene: «La lingua è [...] al di qua della Letteratura. Lo stile è quasi al di là: le immagini, il lessico, il fraseggiare di uno scrittore, nascono dal suo corpo e dal suo passato e a poco a poco diventano gli automatismi stessi della sua arte»[38]. Tra lingua e stile egli pone la scrittura quale funzione: «essa è il rapporto tra la creazione e la società [...], è la forma colta nella sua intenzione umana e legata così alle grandi crisi della Storia»[39]. La "funzione" «non è più soltanto quella di comunicare e di esprimere, ma anche d'imporre un al di là del linguaggio che è al tempo stesso la Storia e la posizione che vi si assume»[40].

Entro tale orientamento la "scrittura" di *Nostra Signora dei Turchi* traccia un orizzonte di riemersione delle memorie del corpo da una prospettiva antropologico-culturale e, attraverso i filtri dell'autobiografia reale/immaginaria di Carmelo Bene, pone a tema la Storia del Sud Italia o, più precisamente, quella del Salento ("Sud del sud dei santi"), nel momento del trapasso religioso sincretico tra paganesimo e cristianizzazione nel culto cattolico e nell'impatto tra Occidente e Oriente.

Le architetture esterne e interne del Palazzo Moresco di Santa Cesarea e della Cattedrale di Otranto fungono da formanti plastici delle immagini, proiettano un luogo mentale che si fa teatro della memoria in cui si gioca alla decostruzione del "soggetto" e della "soggettività" che, già a queste date, come si è anticipato, è lo snodo reticolare del lavoro di Bene tra letteratura, teatro e cinema.

Il "Sud del sud" è la matrice generante il sostrato visuale del film: le architetture, gli spazi urbani, i paesaggi, i corpi; essa filtra la cultura identitaria, sia quella che in lui residua[41] sia quella che egli sottopone a un processo decostruttivo che, per questa via, investe i suoi punti di appoggio - i concatenamenti famiglia/spazio sociale/medicina/polizia/stato - trasfigurati e precipitati nella parodia della vita interiore. Nel teatro dell'Io e della memoria si piega e dispiega l'*in-azione*. Come rileva in altro contesto Giacché: «*In-azione* è per davvero un *jeu dans le mot*, perché praticare l'inazione vuol dire esplicitare la "non azione" che sta "dentro l'azione"»; l'*in-azione* tuttavia «si spezza nel conato continuo e consapevolmente inutile, nell'accenno insistente e nel salto breve, diventando la musica tronca e la danza spenta di infiniti e inconcludenti tentativi di edificazione o di assedio. L'inazione si costituisce così come una macchina. Macchina liturgica, macchina di elevazione o da processione... [...]»[42].

Nella storia-geografia salentina allegorizzata nel "Sud del sud dei santi", Carmelo Bene fa coesistere, lo si ripete, fantasmaticamente, ironicamente e, in modo affatto paradossale, epoche eterogenee - il tempo della contemporaneità (l'invasione turistica nelle estati 1964-1968) e il tempo passato (l'invasione dei Turchi del 1480) - captando e, soprattutto filtrando, attraverso la rimemorazione autobiografica reale/immaginaria, lacerti della storia delle dominazioni che, tra Medioevo e Barocco, coinvolsero la Puglia meridionale. Qui, durante questo lungo lasso temporale, la corporeità fu disincarnata attraverso la costruzione del corpo impassibile ed estatico dei santi/delle sante incrociando/assimilando simultaneamente forme di resistenza dei corpi reali, *carnei* e passibili di donne e uomini. Forme di resistenza sopravvissute lungo il primo Novecento ed entrate in una fase di dissoluzione alla fine degli anni Cinquanta contestualmente alla sparizione della società rurale.

Nei mondi claustrali del Salento sono attestate tecniche di annientamento - flagellazioni, penitenze, veglie, digiuni - del corpo "carne" per introdurlo a un processo di trasformazione che si credeva rendesse realizzabile l'esperienza della "santità", in un "rapporto privilegiato con il divino", che fosse "rivelatore dell'inespresso" e capace di dischiudere, nella «confidenza con l'impossibile, la possibilità di compiere l'irrealizzabile»[43]; ne discende un potere straordinario di sovvertimento "dell'ordine delle cose", l'imposizione di «una logica diversa, rovesciata, paradossale», dalla quale scaturisce una teatralizzazione della "follia".

In un tale contesto, per un peculiare sentire religioso popolare, nella società rurale del leccese il "tarantismo" è l'epifenomeno di un "avvelenamento" indotto dal morso di un animale simbolico, la taranta, «un ragno che morde e insidia con il suo morso»"[44] e i cui effetti possono ripresentarsi ogni anno o a distanza di un numero variabile di anni, in un "ri-morso", morso che ritorna, in una crisi che riesplode; è il dispositivo simbolico *privato e pubblico* mediante il quale la società agricola del Salento regolava il rimodellamento mitico-rituale di reali episodi di latrodectismo - che si erano verificati e che potevano verificarsi durante "i lavori estivi" - innestando nel sincretismo culturale sospeso tra paganesimo e cristianesimo una pratica di sottrazione dei corpi alla loro costruzione/disposizione biopolitica[45]. Un rituale inscenato per controllare/risolvere, manifestandola in superficie, una crisi profonda dei "corpi" indotta dalla fatica, dalla fame, dalla miseria, da conflitti familiari, da condizioni di dipendenza soprattutto femminile. Così che, attraverso il morso e l'avvelenamento simbolici, insorge e si scatena nella persona attarantata - con spasimi, rotolamenti, strisciamenti a terra, danza, salti, cadute, volteggi vorticosi su se stessi - un disturbo somatoforme, una crisi psicosomatica individuale esperita però entro un dispositivo terapeutico rituale e collettivo, che scandisce il passaggio dalla cura domiciliare alla guarigione/ redenzione - spesso temporanea - celebrata comunitariamente presso la Chiesa di San Paolo a Galatina. L'influenza del cattolicesimo si inserisce - per il tramite della figura di San Paolo che si aggiungerà solo in seguito al dispositivo rituale in qualità di santo che protegge dai morsi velenosi[46] - nel processo di disgregazione del dispositivo terapeutico rituale.

L'orizzonte mitico-rituale del rapporto di cura e di guarigione mantiene tuttavia un'autonomia simbolica che - nonostante l'attenzione medicale - ha fatto sì che la crisi e lo scatenamento della crisi, a partire dall'Ottocento, non siano stati oggetto di riduzione a patologia neurologica e a disordine psichico. Già alla fine degli anni Cinquanta del Novecento, l'équipe etnografica di Ernesto de Martino ha indagato e documentato (a Nardò) in chiave multidisciplinare la "sindrome culturale" del tarantismo e dei connessi rituali di "cura" - musicali, coreutici e cromatici - proprio nel momento della dissoluzione/sparizione del suo dispositivo[47].

Si tratta, nel complesso, di aspetti socio-antropologici convergenti nella figura del "frate santo" Giuseppe Desa da Copertino (1603-1663), importante riferimento per Carmelo Bene[48] e non solo per la scrittura di *Nostra Signora dei Turchi* (segnatamente nella sequenza del "monologo dei cretini"). Del santo - «idiota e semplicissimo», semianalfabeta che «aveva avuto il dono della sapienza» (per i cui atti prodigiosi «divenne popolare in piena età barocca»)[49] e del quale il Sant'Uffizio diffidava (come testimoniano la ripetute visite e le interrogazioni dei cardinali) - l'agiografo[50] narra di come, all'ascolto casuale della musica, esplodesse in strilli e danzasse sino all'estenuazione[51] e di come, in altre occasioni, il suo volto restasse impassibile, insensibile anche alle traiettorie di una mosca sull'occhio o, più precisamente, sulla pupilla; sono descritti, oltre agli stati catatonici, le sue improvvise e inconsapevoli levitazioni, nonché le sue straordinarie capacità terapeutiche.

In *Nostra Signora dei Turchi*, evocata in modo esplicito nella citata sequenza del "monologo dei cretini", ma implicitamente attiva sottotesto, la figura di Giuseppe Desa riunisce in sé l'impassibilità e i moti involontari del corpo (le levitazioni, gli strilli, la danza) che motivano una condizione di folle grazia. Condizione indefinitivamente perseguita e mancata attraverso gli esercizi di immaginazione che Lui (ossia la situazione autobiografica in cui Carmelo Bene si proietta), in quanto esercitante, definisce "rituali" e nei quali il corpo attoriale si introduce e installa deformando la struttura ricorsiva, la griglia enunciativa della stessa ritualità. Sono i rituali dell'autodistruzione dell'Io, una delle cui pratiche consiste nelle "cadute volontarie" o nei "voli

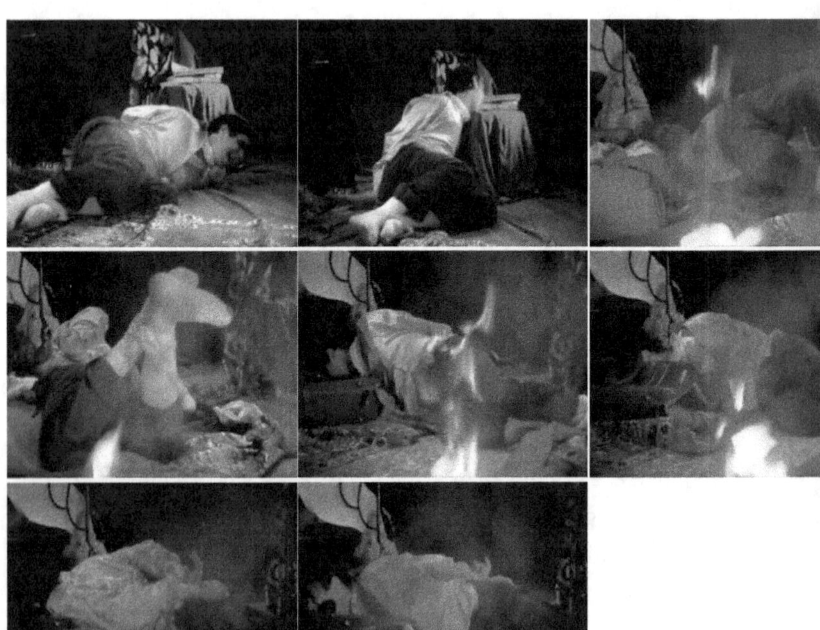

Nostra Signora dei Turchi 1968 (film 124'). Video still. Courtesy
Fondazione Centro Sperimentale di Cinematografia, Cineteca
Nazionale di Roma

impossibili", allusione ai voli estatici, alle levitazioni di San
Giuseppe Desa da Copertino.

Rispetto al "teatro dell'Io" e alle virtualità delle situazioni reali/
immaginative in cui il corpo attoriale è posto e che costituiscono
i differenti piani di articolazione mostrativa e narrativa del film,
attraverso i rituali Lui vuole diventare "cretino" (si pensi a tutte
le implicazioni etimologiche del termine)[52] e non "santo"[53].

Qui l'innesco immaginativo è dato dal racconto mitico dei fatti d'Otranto del 1480 e riferito al massacro dei martiri della fede. Lui - ossia questo "non-io" innestato sul corpo attoriale di Bene - fantasticamente e fantasmaticamente si proietta nella situazione di un *martire sopravvissuto*. Come si legge nella variante letteraria di *Nostra Signora dei Turchi* in un passaggio poi trasposto in *voice over* a *incipit* del film, colui che avrebbe dovuto essere il suo carnefice, proprio quando toccava a Lui essere decapitato, si converte al cristianesimo e viene crocifisso al suo posto:

> Pose il capo su un sasso [...]. Si ridestò che non lo avevano ancora decapitato. Guardò in alto, cercando il suo carnefice e lo trovò crocifisso. Gli spiegarono che era stato così punito perché aveva all'improvviso mutato fede. Poi gli dissero di levarsi e andarsene. Lui non avrebbe osato insistere, lo avevano umiliato, non c'è dubbio, ma l'avrebbe rivista[54].

L'intento ossessivo di diventare "cretino" e di perseguire una «demenza oggettiva» non può essere compreso se decontestualizzato dalla dimensione socio-antropologica del "Sud del sud" da cui proviene, così come non possono essere colti né l'idiolessi che investe la forma mostrativa e narrativa, né i prelievi intertestuali e le operazioni di declassamento o di svuotamento tematico e figurativo che ne derivano.

Per definire gli esercizi immaginativi, Bene sembra utilizzare quale sistema modellizzante il dispositivo rituale del tarantismo e guardando ai moduli, alle fasi e alle figure sintomali del corpo attarantato, pare estrarne e rielaborarne le posture, i movimenti sconnessi e sincopati, rallentati o accelerati, la gestualità improduttiva che vanno a connotare la capacità formante e la forza performativa che egli attribuisce ai corpi attoriali (spesso, invece, la ricezione critica ha ricondotto la corporeità di Bene - segnatamente nei due primi lungometraggi *Nostra Signora dei Turchi* e *Capricci* - al corpo attoriale di Jerry Lewis, il quale aveva

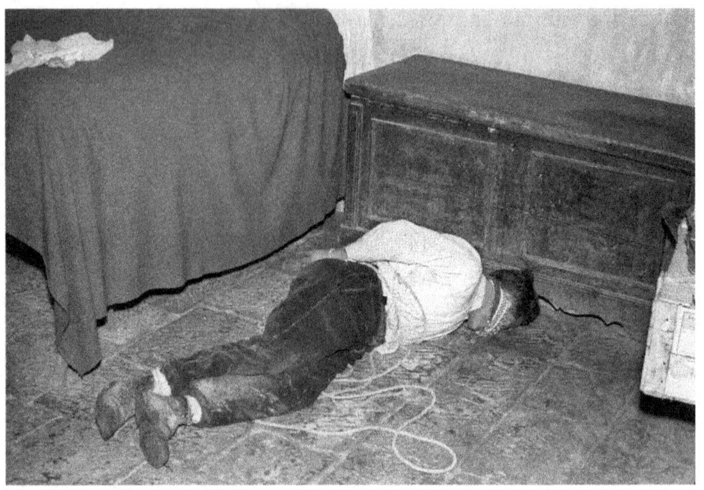

Ricostruzione di un caso di "legamento" notturno.
Courtesy Archivio Ando Gilardi

studiato la gestualità dei corpi epilettici; Bene ha però ripetutamente controargomentato a tale accostamento)[55]. La scansione formulare implica che dagli automatismi indotti dal rituale, dalla ripetizione formale dei gesti, si liberi un problematico spazio vuoto attraverso il quale l'atto enunciativo (creativo) e l'atto performativo si differenziano. Tale modulazione differenziale è il supporto della "variazione" della quale, come si è detto, Gilles Deleuze ha fornito una magistrale definizione in "Un manifesto di meno" (1978).

Se l'uso dello specchio è foucaultianamente riconducibile (anche) a una eterotopia[56], è possibile asserire, e non in ultima analisi, che il complesso dispositivo dei rituali in *Nostra Signora dei Turchi* rimanda a un'altra eterotopia, ossia alla topografia domiciliare del dispositivo rituale della taranta, al contempo musicale, coreutico e cromatico. Tale topografia è stata documentata, come sopra accennato, dall'équipe di de Martino e prevede uno spazio esteso marcato a terra da un drappo

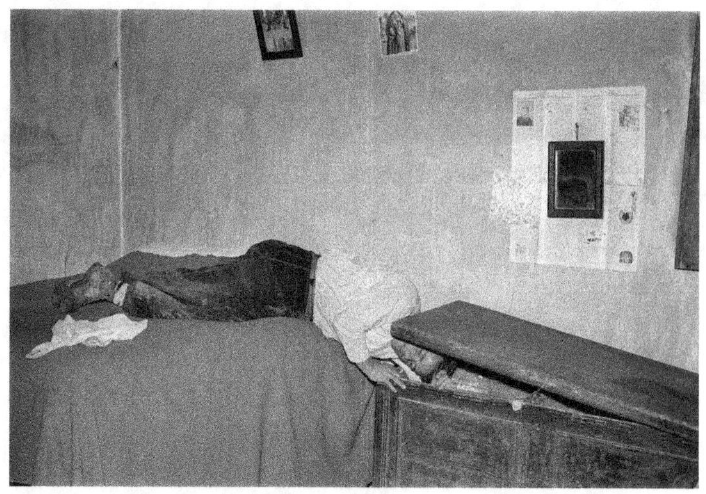

Ricostruzione di un caso di "vessazione" notturna.
Courtesy Archivio Ando Gilardi

bianco destinato alla persona attarantata; lo spazio perimetrale, a margine, è invece destinato ai famigliari e ai musicisti: un violinista, un fisarmonicista e un tamburellista suonano una musica psicotropica sempre più cadenzata, che procede per intensificazione ritmica simultaneamente all'intensificazione parossistica dei movimenti rituali della persona attarantata. Intorno al perimetro cerimoniale vi è una costellazione di oggetti d'affezione (specchi, vesti, fiori, piante aromatiche) a cui si aggiungono dei nastri colorati cha hanno una forte carica patemica per la persona attarantata e ripetutamente e variamente utilizzati dalla stessa nel corso del rituale. Il drappo bianco delimita e insieme è il luogo in cui la crisi viene esperita e che si manifesta nel corpo della persona attarantata con "differenti tonalità affettive", variabili intensità ed estensioni temporali. La persona "balla" per giorni e giorni, sino allo stremo delle forze, in sessioni ripetute e cadenzate da brevi stasi[57], per far defluire/ smaltire il veleno del ragno simbolico sino alla risoluzione della crisi/guarigione. Per questo, come rileva de Martino, occorre «danzare con il ragno, essere anzi lo stesso ragno che danza», «farsi ragno» e «danzare il ragno»[58] implicando - rispetto ad esso - un processo simultaneo di «identificazione» (fase orizzontale del rito in cui il corpo è a terra) e di «distacco agonistico», un lasciarsi andare e un riprendersi, così da «costringere il ragno a danzare sino a stancarlo» fuggendolo o inseguendolo per schiacciarlo con il piede che percuote ritmicamente e verticalmente il pavimento (fase verticale del rito, in cui il corpo è in piedi). Allo spazio domiciliare si è aggiunta a complemento una messa in scena pubblica della crisi/guarigione dentro e fuori (sagrato) la Chiesa di San Paolo a Galatina.

L'uso modellizzante del dispositivo rituale ha per Bene motivazioni biopolitiche profonde e riguarda una precisa consapevolezza che Deleuze (1978) coglie:

[...] quando parla della gente delle Puglie, di cui fa parte, sente che la parola "poveri" non conviene del tutto. Come chiamare povera questa gente che preferiva morire di fame piuttosto che lavorare? Come chiamare schiavi gente che non stava al gioco del padrone e dello schiavo? Come parlare di "conflitto", laddove c'era ben altro, una bruciante variazione, una variante antistorica? [...][59].

Per la persona attarantata il perimetro rituale circoscrive il luogo in cui simbolicamente il "non avere vie di scampo" - socio-culturale, familiare, lavorativo - trova una possibilità di espressione sintomatica (quale temporanea attualizzazione di una memoria inconscia in atto) e non esplode in un attacco nevrotico (di cui sarebbero segni manifesti il grido e i moti volontari/involontari del corpo, tra i quali l'"inarcamento")[60]. Lo spazio bianco e vuoto è un luogo in cui si evoca, si (ri)produce e si gestisce una crisi (nel cui orizzonte simbolico e nel cui contenuto conflittuale si è chiusi/e) entro un dispositivo di "cura" privato e pubblico che si dà e insieme si sottrae ai processi

Nostra Signora dei Turchi 1968 *(rush)*. Video still. Courtesy Fondazione Centro Sperimentale di Cinematografia, Cineteca Nazionale di Roma

di normalizzazione sino al punto di disgregazione. Come si è anticipato, in tal senso, al di là dello scarto socio-culturale tra due mondi (quello borghese e quello agrario), è possibile asserire che l'affinità "sintomale" - la "corporeità del sintomo"[61] - ravvisata dall'équipe multidisciplinare di de Martino tra gli stati e moti del corpo attarantato e quelli del corpo isterico riguardi ciò che tenacemente si sottrae alla riduzione medica, neurologica e psichiatrica di cui è stata oggetto nel corso dell'Ottocento.

Dell'affinità tra le figure sintomatiche del corpo isterico (secondo Jean-Martin Charcot nella presa iconica disegnata e fotografata da Paul Richter alla Salpêtrière)[62] e del corpo attarantato (ricerca etnografica di de Martino) ciò che sembra interessare a Bene è tanto la "simultaneità contradditoria"[63] - l'"effettuazione" che diviene repentinamente "controeffettuazione", in due moti opposti che si affrontano in uno stesso corpo (corpo, entità, biologia e fenomeno storico-culturale) - quanto il rituale di cura psicosomatico quali sovradeterminazioni ambivalenti che portano a emersione le forme di incorporazione di qualsiasi potere. Bene se ne occupa per farne un dispositivo di "variazione", nell'accezione deleuziana, attraverso il quale rendere possibile una sottrazione *al* e *del* potere. In modo radicale, Bene sostiene: le "Leggi" «sono fuori dalla mia persona»[64].

In tal senso, egli non rimuove, né oltrepassa la contraddizione (con i suoi precipitati conflittuali), bensì la estenua nella ripetizione/differenza e la depotenzia nel *continuum* della variazione. Bene è interessato soprattutto agli automatismi di ripetizione/differenza le cui modulazioni nel tempo dischiudono linee di variazione («con il continuo impedimento»)[65], capaci di sovvertire l'automatismo comportamentale da cui si attivano.

Si analizzi, ad esempio, la modulazione tematica dell'impedimento alla partenza in *Nostra Signora dei Turchi*. Nel film "la partenza" è il filo, la connessura, che ricuce e ricollega l'esploso narrativo del romanzo in cui la partenza è un «assentarsi per permettere quanto avrebbe dovuto impedire», ossia un «andare incontro a se stessi [...]»[66]. Nel film l'impedimento alla partenza e i legami che la rendono impossibile/possibile agiscono performativamente. Dopo l'*incipit*, Lui è a terra, sul pavimento, sdraiato su un drappo rosso, in una sorta di spazio rituale; con i piedi e le mani legati, tra «smorfie di irritazione o dolore»[67], si affatica ad afferrare con i denti degli oggetti da trasferire e porre dentro una valigia: un elenco telefonico e una bandiera italiana appartenente alla serie degli "«oggetti della provocazione»[68]. Sul piano sonoro, una musica bandistica si mescola (con sensibili variazioni di volume) alla traccia musicale di una canzone interpretata da Jacques Brel (*Bruxelles*, album *Bourgeois*, 1962).

Va *in primis* evidenziato che la configurazione delle immagini nell'azione performativa sembra derivare dalle fotografie di Ando Gilardi che documentano un'altra indagine condotta da de

Gianfranco Mingozzi, *La taranta,* 1962. Still video

Martino nel Sud Italia, in Lucania, nel maggio del 1957. Si tratta di una ricerca sulle crisi comportamentali e sulle affezioni psichiche gestite attraverso pratiche magiche volte a elaborare quella che de Martino definisce «esperienza di dominazione» raccordata storicamente alle forme egemoniche di vita socio-culturale in cui si verifica il rischio che «la stessa presenza individuale si smarrisca come centro di decisione e di scelta», naufragando «in una negazione che colpisce la stessa possibilità di un qualsiasi comportamento culturale»[69]. La condizione psichica "legata" e il "legame" immaginario si esteriorizzano attraverso un legame reale, materiale ed effettivo di cui «si serbano le tracce nel corpo»[70]: di qui il ritrovarsi «inspiegabilmente legati con funi nel proprio letto o sul pavimento»[71], talvolta con i polsi stretti da una funicella annodata, stato in cui il corpo viene immobilizzato e colto da abasia e astasia[72]. Le foto documentano una ricostruzione a fini etnografici del «legamento» e della «vessazione» notturna.

Al contrario, Bene "mette in scena" una crisi durante la quale Lui si muove e dibatte forsennatamente stretto tra legamenti e legami. Il nesso performativo tra corpo e potere - ossia i rapporti di dominio inscritti nei corpi, incorporati e contrastati intersoggettivamente - è la posta in gioco del discorso di Carmelo Bene soprattutto a queste date[73].

In secundis, la topografia del rituale del corpo attarantato è criticamente evocata. L'affetto del corpo e l'incurvatura sintomatica dell'affezione sono impediti parodicamente nello spazio rituale perimetrato dall'inquadratura, nei continui *récadrage* della cinepresa, in cui è allegoricamente inscenata la gabbia/griglia che vincola il corpo al mondo, al linguaggio, al tempo e alla storia. Nella scansione performativa dei movimenti impediti si traccia l'"arco di cerchio".

Da un lato è paradossalmente messo in scena l'annullamento della follia, quasi nel modo in cui ne scrive Foucault nel 1964:

> Appassirà così l'immagine viva della ragione in fiamme. Il gioco assai familiare di guardarci all'altro capo di noi stessi nella follia, e di metterci in ascolto di voci che, venute da molto lontano, ci dicono, da molto vicino, ciò che noi siamo, questo gioco con le sue regole, le sue tattiche, le sue invenzioni, le sue astuzie, le sue illegalità tollerate, non sarà più né mai più, altro che un rituale complesso i cui significati saranno ridotti in cenere. Qualcosa come le grandi cerimonie di scambio e di rivalità nelle società arcaiche. Qualcosa come l'attenzione ambigua che la ragione greca prestava ai suoi oracoli. O come l'istituzione gemella, a partire dal XIV secolo cristiano, delle pratiche e dei processi di stregoneria. Tra le mani delle culture storiche, non resteranno più che le misure codificate dell'internamento, le tecniche della medicina e dall'altra parte l'inclusione improvvisa, irrompente, nel nostro linguaggio, della parola degli esclusi[74].

Dall'altro lato, invece, si assiste a una persistenza e, insieme, a una trasformazione della memoria (già elaborazione reale/immaginaria): la memoria dei corpi attarantati, una memoria dei gesti, si inscrive in una nuova immagine. Come rileva in altro contesto Georges Didi-Huberman: «Ogni immagine parte dal corpo - cioè se ne separa - e torna al corpo»[75].

Nell'impedimento alla partenza, in questo passaggio *filmico* di *Nostra Signora dei Turchi*, si assiste al processo di sopravvivenza di una *forma* (nell'immagine del corpo attarantato, del corpo vessato, del corpo costretto dentro un' invisibile camicia di forza).

Nostra Signora dei Turchi 1968 *(rush)*. Video still. Courtesy Fondazione Centro Sperimentale di Cinematografia, Cineteca Nazionale di Roma

Il corpo è luogo sul quale le immagini lasciano traccia ("memoria corporea") e luogo generativo, di elaborazione e di trasformazione dal quale le immagini prendono forma ("creazione corporea").

Il corpo è un medium ospitante e trasmissivo (nell'accezione di Belting) in cui e attraverso cui le immagini nella pratica performativa di Carmelo Bene - e segnatamente nella sua iscrizione cinematografica - sopravvivono. Non è una questione transtorica. Tutt'altro. Si tratta piuttosto di un antiumanismo dichiarato, programmatico, in cui sembra essere al lavoro un sottotesto foucaultiano: si pensi alla chiusa di *Le parole e le cose* (1966), alla definizione complessa di "archivio" e al "pensiero del fuori".

Nell'*opus* di Bene si assiste alla messa in discussione radicale del corpo in qualità di soggetto e di dispositivo intersoggettivo (nell'accezione di Agamben)[76]: il corpo costituisce una dimensione critica radicale.

Continuando a seguire in *Nostra Signora dei Turchi* la scansione del rituale della partenza/ritorno, Bene utilizza il rovescio pubblico del cerimoniale privato del tarantismo, che in molti sensi richiede la "testimonianza".

Così, l'urgenza della partenza è data dal prender congedo da sé, ma questo assentarsi, questo essere assente per poter agire fuori di sé, deve essere testimoniato e addivenire a un atto pubblico. La festa patronale di Santa Cesàrea Terme diviene così il luogo in cui trovare questa testimonianza.

Il rituale della partenza/ritorno implica una serie di autoimpendimenti e di simulazioni reiterate minuziosamente predisposte, ma prevede soprattutto un'esposizione pubblica progettata e da attuare in un giorno di festa (festa di San Lorenzo). Questo rituale si compie con un'azione performativa che ha corso nella piazza gremita di folla dove Lui si aggira, senza meta, come un automa, con due voluminose valigie (la cinepresa è nascosta, riprende con inclinazione angolare dall'alto in campo lungo e con movimenti transfocatori). All'improvviso in uno spazio che si è fatto vuoto, cade simulando un malore. Così che la sua presenza, il suo partire possano essere notati, testimoniati. Giacché Lui già stava predisponendo l'altra parte del rituale, il ritorno.

Si tratta di un passaggio filmico girato con una modalità etnografica per captare una performance che riattiva il modulo rituale pubblico del corpo attarantato quando questo cade, per sfinitezza o per perdita dei sensi (vera o simulata), trovando sicura protezione tra le braccia di familiari e amici. Così infatti il film *La taranta* (1962) diretto da Gian Franco Mingozzi - che si è avvalso della consulenza di de Martino - documenta la formula cerimoniale pubblica delle persone attarantate a Galatina. La performance di Bene è stata progettata e al contempo improvvisata, così come testimonia anche la ripresa "documentata" più estesamente nelle *rush*. Viene dunque in evidenza come, entro un campo di tensioni rigorosamente preparato (negli automatismi dei rituali e delle prove reiterate), quel che nelle traiettorie di un gesto performativamente improvviso accade e a cui si assiste sia il dischiudersi del vuoto che, nella costruzione di questa sequenza (poi non montata), è plasticamente generato da una caduta: il corpo di Carmelo Bene è fatto cadere nel vuoto dove non trova alcuna presa e dove apre un vuoto ulteriore nel dissimulato continuo slittamento del cadere e del rialzarsi[77] e dello sguardo interpellativo "in macchina".

Quel che si intende evidenziare è ancora una volta un uso trasformativo della forma rituale nella modalità operazionale di Bene osservabile in questo passaggio filmico di *Nostra Signora dei Turchi*: ciò a cui si assiste non è tanto lo "spostamento" di una "forma", per così dire, "già formata" del rituale, e in via di sparizione, in altro rituale, quanto la sua captazione sul piano corporeo e performativo (memoria del corpo) e la sua iscrizione filmica (corpo del cinema come archivio). È la captazione di una forma in cui far passare una forza. Tale forza concerne ciò che accade nel corpo e attraverso il corpo (la forma rituale *e* l'automatismo implicato dalla ripetizione nel cui tempo-spazio si introduce un vuoto) e che, per questa via, può inscriversi in immagine. Non è qualcosa di inaspettato, ma pertiene alla ricerca e alla prova ("*rehearsal*") per qualcosa d'altro.

1. Carmelo Bene, *Nostra Signora dei Turchi*, cit., pp. 58-60.

2. *Ivi*, pp. 50-53.

3. Gilles Deleuze, *L'immagine tempo*, cit., p. 288.

4. Carmelo Bene, *Nostra Signora dei Turchi*, cit., p. 76.

5. Filippo Bettini, "Nostra Signora dei Turchi. Le metamorfosi della contraddizione", cit., p. 80.

6. Il racconto breve *Hermitage* accompagna il secondo romanzo di Carmelo Bene *Credito italiano V.E.R.D.I* editato da Sugar (Milano) nel 1967; scritto da Bene tra il 1965 e il 1966, Carmelo Bene, Giancarlo Dotto, *Vita di Carmelo Bene*, cit., p. 51

7. Walter Benjanim, "Di alcuni motivi in Baudelaire", Id., *Angelus Novus, saggi e frammenti* (1955), Einaudi, Torino 1982, pp. 124-125.

8. Jacques Lacan, Seminario XI "L'inconscio e la ripetizione" (1964), Id., *Il Seminario. Libro XI. I quattro concetti fondamentali della psicoanalisi*, Einaudi, Torino 2003.

9. Maurice Merleau-Ponty, *Il visibile e l'invisibile*, Bompiani, Milano 2003 (edizione postuma 1964). Jean-Paul Sartre, *L'immaginazione* (1936), Bompiani, Milano 1962.

10. Jacques Lacan, Seminario XI "L'inconscio e la ripetizione", cit., p. 141.

11. Gilles Deleuze, *Il sapere. Corso su Michel Foucault* (1985-1986) /1 (1986), Ombre Corte, Verona 2014; Id., *Foucault*, Feltrinelli, Milano 1986.

12. Jacques Fontanille, *Figure del corpo. Per una semiotica dell'impronta*, Meltemi, Roma 2004, pp. 306-309.

13. Michel Foucault, *Archeologia del sapere, Una metodologia per la storia della cultura*, cit., p. 81.

14. Secondo Piergiorgio Giacché si tratta della contraddizione tra *augĕre* e *agĕre*: l'autore-attore Bene «[...] fonde insieme (e in sé) l'inventare dell'autore e il giocare dell'attore, ossia un *aumentare la posta* e un *sottrarre dalla scena* che si rincorrono e si smentiscono l'un l'altro». Piergiorgio Giacché, *Carmelo Bene. Antropologia di una macchina teatrale*, Bompiani, Milano 1997, pp. 111-112; cfr. anche p. XIII e p. 92.

15. Pierre Klosswski, "Cosa mi suggerisce il gioco ludico di Carmelo Bene", cit., p. 15.

16. Il corsivo è mio.

17. «È [piuttosto] l'*uguale* che si tratta di contraffare implicando una dissomiglianza»: è un enunciato di Klosswski di cui Bene si appropria aggiungendo a "contraffare" il verbo "disintegrare". Carmelo Bene, Giancarlo Dotto, *Vita di Carmelo Bene*, cit., p. 333.

18. Pierre Klossowki, "Cosa mi suggerisce il gioco ludico di Carmelo Bene", cit., pp. 11-18.

19. Jacques Fontanille, *Figure del corpo. Per una semiotica dell'impronta*, cit.

20. «La narrazione deriva dallo schema senso-motorio e non viceversa», Gilles Deleuze, *Immagine tempo*, cit., p. 301.

21. Piergiorgio Giacché, *Carmelo Bene. Antropologia di una macchina teatrale*, cit., p. 25.

22. Gilles Deleuze, "Un manifesto di meno" cit., p. 82.

23. *Ivi*, p. 83.

24. Carmelo Bene, *Lorenzaccio*, cit., p. 15.

25. Michel de Certeau (1980), *L'invenzione del quotidiano*, Edizioni Lavoro, Roma 2009.

26. Gilles Deleuze, "Un manifesto di meno", cit., p. 82.

27. Umberto Artioli, Carmelo Bene, *Un Dio assente. Monologo a due voci a teatro*, Medusa, Milano 2006, p. 124.

28. Carmelo Bene, Giancarlo Dotto, *Vita di Carmelo Bene*, cit. p. 209.

29. Algirdas Julien Greimas, Joseph Courtés, *Semiotica. Dizionario ragionato della teoria del linguaggio* (1979) a cura di Paolo Fabbri, La casa Usher, Firenze 1986, pp. 125-126.

30. Gilles Deleuze, *Logica del senso* (1969), Feltrinelli, Milano 1997, p. 71; pp. 50-52.

31. Carmelo Bene, *Opere con l'Autografia d'un ritratto*, cit., p. XXIX.

32. *Ivi.*, p. VI.

33. Miche Foucault, *Le parole e le cose* (1966), Rizzoli, Milano 1967.

34. Carmelo Bene, *Opere con l'Autografia d'un ritratto,* cit., p. XXIX.

35. Di Benjamin legge il *Dramma barocco tedesco* (1926) fittamente sottolineato (Einaudi, 1971).

36. Carmelo Bene, Gianfranco Dotto, *Vita di Carmelo Bene,* cit., p. 73.

37. Il saggio è raccolto nel volume *Il grado zero della scrittura* che fa parte della

biblioteca/archivio di Bene e presenta molte sottolineature. Roland Barthes, *Il grado zero della scrittura*, Lerici, Milano 1960.

38. Roland Barthes, *Il grado zero della scrittura*, cit., p. 10.

39. *Ivi*, p. 12.

40. *Ivi*, p. 3.

41. Come si è detto in *Nostra Signora dei Turchi* - "teatro dell'Io" - la pluralità corporale è un esercizio di costruzione immaginativa del "corpo" proprio (disperso nel martire, nel cavaliere, nel morto, nel frate giovane e nel frate adulto) e altrui (santa Margherita, il primo amore, la serva, l'editore) in una serie di rituali (serie di sessioni performative) la cui fenomenologia è ego-decentrata. Nondimeno, la sensibilità, le strutture mentali, le forme cognitive, le categorie e gli schemi interpretativi - in ultima istanza le forme di incorporazione intersoggettiva dei rapporti di dominio - permeano il "punto di vista" interiorizzato dal quale Bene si distanzia e attraverso il quale riesce a vedere se stesso. Tuttavia, si tratta di un punto di vista in cui non si produce uno scarto rispetto alla relazione di genere. Mascolinizzazione e femminilizzazione restano presi nel paradigma androcentrico per il cui tramite si riproduce l'universo culturale occidentale. In *Nostra Signora dei Turchi* risultano evidenziate e fortemente criticate le strategie che le donne, entro tale paradigma, adottano contro di esso in condotte che tuttavia non lo sovvertono, ma che semplicemente si attuano in modo ritorsivo a riconferma dello schema di dominio (materiale e simbolico) somatizzato. Ad esempio, la figura della madre mediterranea o della sposa materna (il cui dono è senza possibile controdono o apre un debito infinito) è criticata nella figura sincretica di Santa Margherita. Invece, la figura dell'amante proteiforme e ambivalente è costruita, decostruita e ricostruita da un punto di vista maschile, maschilista e finanche misogino.

42. Piergiorgio Giacché, *Carmelo Bene. Antropologia di una macchina teatrale*, cit. p. 25.

43. Piero Camporesi, *La carne impassibile* (1983) Il Saggiatore, Milano 1991.

44. Ernesto de Martino, *La terra del rimorso. Contributo a una storia religiosa del Sud* (1961), Il Saggiatore, Milano 2015, p. 81.

45. Michel Foucault, *La volontà di sapere* (1976), Feltrinelli, Milano 1978, pp. 92-93.

46. In *Atti degli Apostoli* (28, 3-6), infatti, si racconta che San Paolo, giunto a Malta e guardato con sospetto dagli abitanti dell'isola, fu morso da una vipera e non ne ebbe alcuna conseguenza. In ragione di ciò gli isolani guardarono a lui come a un prodigioso taumaturgo. Per questo la fede popolare ha fatto di San Paolo colui che protegge dal morso di rettili e insetti velenosi.

47. Ernesto de Martino, *La terra del rimorso. Contributo a una storia religiosa del Sud*, cit.

48. Bene scrive una partitura per cinema intitolata *A boccaperta*. La prima edizione risale al 1976 ed è stata ripubblicata nel 1993, ora in Carmelo Bene *Opere con l'Autografia d'un ritratto*, cit., pp. 421-533.

49. Piero Camporesi, *La carne impassibile*, cit. pp. 56-58.

50. Piero Camporesi cita la *Vita di S. Giuseppe di Copertino sacerdote professo dell'Ordine de' Minori Conventuali di San Francesco*, Firenze, Stamperia Bonducciana 1768, cfr. Piero Camporesi, *La carne impassibile*, cit., p. 45.

51. Piero Camporesi, *La carne impassibile*, cit., p. 57.

52. Da crétien "cristiano" ma, ancor prima della classificazione lessicografica medica ottocentesca, il termine nomina anche il deficit che veniva attribuito alle persone affette da ipertiroidismo.

53. Carmelo Bene, *Nostra Signora dei Turchi*, cit., pp. 48-54.

54. Ivi, p. 59.

55. Rivolgendosi, nel corso di un'intervista a Simsolo, Bene afferma: «Quanto a Jerry Lewis, se tu credi che porti avanti un certo discorso incrociando ciò che faccio io, è possibile che tu abbia ragione, ma come verificarlo, dato che non ci riferiamo agli stessi film? Credo che Lewis non arrivi a negare la sua personalità da showman, da imbonitore, e che non operi nessuna sovversione negli Stati Uniti. Non giunge a negare i suoi ruoli!». Noël Simsolo,"Incontro con Carmelo Bene", in Emiliano Morreale, cit., p. 58.

56. Michel Foucault, "Eterotopie" (1969), in Id., *Archivio Foucault 3. 1978-1985. Estetica dell'esistenza, etica, politica*, cit.

57. Ernesto de Martino, *La terra del rimorso. Contributo a una storia religiosa del Sud*, cit. p. 82.

58. Ivi, p. 83.

59. Gilles Deleuze, "Un manifesto di meno", cit. p. 90.

60. Ernesto de Martino, *La terra del rimorso. Contributo a una storia religiosa del Sud*, cit. p. 91.

61. Cfr. Georges Didi-Huberman, *L'immagine insepolta. Aby Warburg, la memoria dei fantasmi e la storia dell'arte* (2002), Bollati Boringhieri, Torino 2006, p. 254.

62. Georges Didi-Huberman, *L'invenzione dell'isteria. Charcot e l'iconografia fotografica della Salpêtrière* (1982), Marietti, Genova 2008.

63. Georges Didi-Huberman, *L'immagine insepolta. Aby Warburg, la memoria dei fantasmi e la storia dell'arte*, cit., p. 275. Sigmund Freud, *Fantasie isteriche e loro relazione con la bisessualità* (1908); *Osservazioni generali sull'attacco isterico* (1908), in *Freud Opere 1905 – 1908*, vol. V, Bollati Boringhieri, Torino 1972, pp. 387-395; pp. 439-445.

64. Adriano Aprà, Gianni Menon, "Conversazione con Carmelo Bene", in Emiliano Morreale, cit., p. 75.

65. Gilles Deleuze, "Un manifesto di meno", cit., p. 82.

66. Carmelo Bene, *Nostra Signora dei Turchi*, cit. p. 70.

67. Jacques Aumont, *Notre-Dame des Turcs*, cit. p. 83.

68. Carmelo Bene, *Nostra Signora dei Turchi*, cit. p. 19.

69. Ernesto de Martino, *Sud e magia* (1985), Feltrinelli, Milano 2001, p. 90.

70. Ernesto de Martino, *Sud e magia*, cit., p. 82.

71. *Ivi*, 79.

72. *Ivi*, 82.

73. Bene ricorda: «[...] entravano come malati mentali e dopo qualche anno diventavano psicopatici senza speranza. Uno stava lì da quarant'anni, s'era ridotto a mordere le reti arrugginite. Li lasciavano mezzi ignudi, quando non li vestivano con la camicia di forza»; «quelli lungo il corridoio [...]» gli altri, «i crocefissi nei letti di contenzione, non li vedeva nessuno». Carmelo Bene, Giancarlo Dotto, op. cit., p. 110, p. 106.

74. Michel Foucault, "La folie et l'absence d'oeuvre", *Critique*, giugno 1966, ora in Id., *Dits et* écrits, Éditions Gallimard, Paris 1994; tr. it. "La follia, l'opera assente" (1966), in Id., *Scritti letterari*, Feltrinelli 2004, pp. 101-102.

75. George Didi-Huberman, *L'immagine insepolta. Aby Warburg, la memoria dei fantasmi e la storia dell'arte*, cit., p. 372.

76. Giorgio Agamben, *Che cos'è un dispositivo?*, Nottetempo, Roma 2006.

77. Gilles Deleuze, "Un manifesto di meno", cit., p. 82.

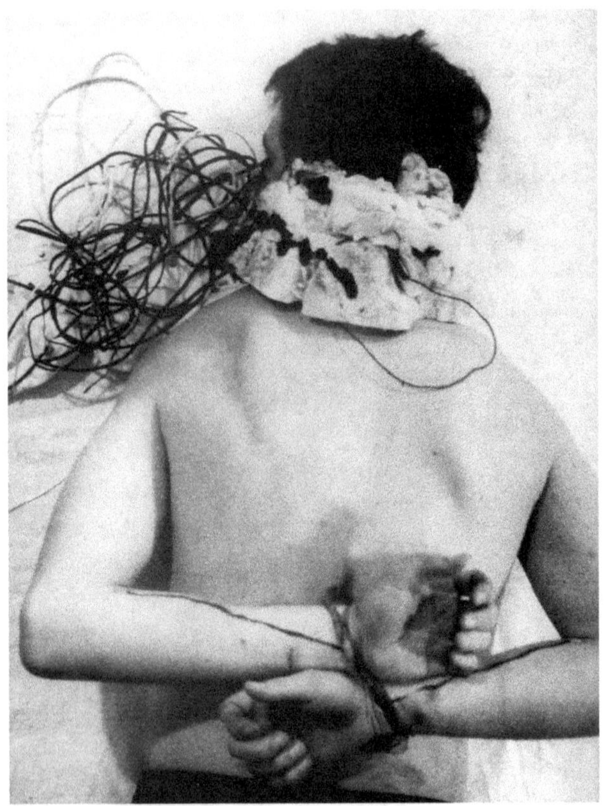

4. Aktion 1965, Rudolf Schwarzkogler (perfomer Heinz Cibulka)
Foto Franziska Cibulka

Forme / Immagini di altre immagini

Il carattere operazionale della messa in forma (materie, espressioni, contenuti) e della messa in figura (corpi/menti, oggetti, architetture, paesaggi) in questa fase del lavoro di Bene - non solo in *Nostra Signora dei Turchi* - sembra scaturire dall'esteriorizzazione di immagini mentali e da un atto performativo. È un lavoro che concerne ciò che (una "forza") forma non ha e che nondimeno ha bisogno di forme attraverso cui poter transitare da un testo all'altro, da un'opera all'altra, da un linguaggio all'altro, da un'immagine all'altra. Il procedere erratico della forma (in cui essa si eccettua *e* si comprende) è trasformativo e incede per scarti, discontinuità, alterazioni, ibridazioni.

Forma che si forgia attraverso altre forme, in differenti modi e con diversi gradi di elaborazione e che, nella pratica beniana, diviene oggetto di estraniamento, svuotamento, dispersione, sospensione, riformulazione ed è perciò instradata - per molte vie - verso un nuovo evento generativo.

A proposito dell'uso delle forme già formate, il sostrato morfologico del film *Nostra Signora dei Turchi* porta a evidenza come Bene - nel corso degli anni Sessanta - filtri, per così dire, anche le ricerche sul corpo in atto nei campi del cinema underground e dell'arte. Più in generale il suo lavoro sulla corporeità/corporalità incrocia e concerne la "performance" nel contesto delle arti visive, inerisce all'happening (Allan Kaprow, 1957; Michael Kirby 1965) e sembra riferirsi a certo Azionismo (Rudolf Schwarzkogler, Günter Brus).

Dalla stratigrafia compositiva della sequenza filmica del monologo dei cretini riemerge con forza la figura del corpo bendato, ma non ferito; qui, tuttavia, il sincretismo (non solo) visivo dell'immagine lascia affiorare una segnatura: il legame benda/corda/camicia di forza.

In una recensione della prima versione teatrale si legge che Carmelo Bene «[...] si infila una camicia di forza, ha paura di essere fatto santo; per dimostrare che non può diventarlo spicca dei gran salti dall'armadio al letto, ricade ogni volta per terra, così fa vedere che lui non sa volare e non ci riuscirà mai»[1]. Qui si descrive il dispositivo teatrale del monologo dei cretini - le cadute volontarie, l'impossibilità di volare (riferimento in negativo alle levitazioni di Giuseppe Desa da Copertino) - e, soprattutto, si esplicita l'uso della camicia di forza, interferenza, quest'ultima, dell'autobiografia: un mattino del 1960, al risveglio, Bene si ritrovò legato «mani e piedi. Una vera camicia di forza»[2]. Ci si riferisce qui a un'esperienza biopolitica vissuta in prima persona che ha portato Bene alla frequentazione diretta della follia nell'ospedale psichiatrico di Lecce, per un ricovero coatto concordato da suo padre assieme al primario con l'intento di farlo ravvedere dall'idea di sposare Giuliana Rossi (alla quale l'opera *Nostra Signora dei Turchi* è sotterraneamente dedicata), sua futura moglie, che non incontrava le aspettative paterne e materne. Carmelo Bene ricorda:

[La follia] era una macchina trita-linguaggio. In quella esplosione permanente, ti rendevi subito conto d'essere capitato dalla parte giusta, dove il parlante era parlato. C'era una comunicativa fatta di non-comunicazione, di significanti che si alleavano secondo criteri arcani. Ininfluente che tu parlassi il turco o l'aramaico. Si spalancava l'abisso del *vanus flati*. Rivolgersi al prossimo per qualunque motivo: quella era insensatezza. La precarietà del dialogo. L'illusione del linguaggio. La non-specularità del piano d'ascolto.

[...] Fu questa una grande lezione, altro che Lacan, studiato solo quindici anni dopo!

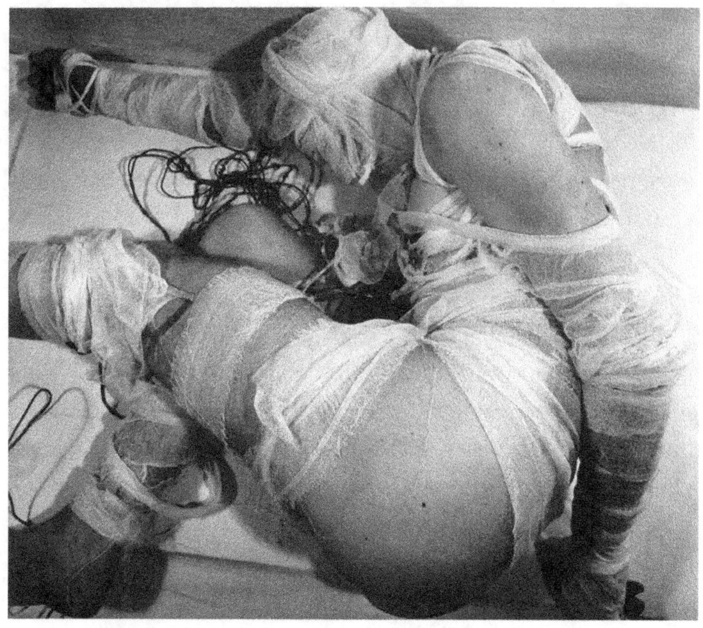

3. Aktion 1965, Rudolf Schwarzkogler (perfomer Heinz Cibulka)
Foto Ludwing Höffenreich

[…] Ognuno si credeva qualcos'altro, ma non perché s'immedesimasse in altro, attenzione, come fanno gli attori di rappresentazione a teatro o nel cinema. No, quelli erano proprio *smedesimati*. Non c'era tempo, non c'era storia. Non c'era patria. Non c'era l'*Io* e non c'eri *Tu*. Due settimane, un salto di cento anni.

[…] uscendo abbandonavo me stesso. Nel senso che mi sarei "ritrovato"[3].

A quell'esperienza e a quella frequentazione (di cui Bene ha una memoria lucida e sensoria) il monologo dei cretini sembra riferirsi.

Il corpo è luogo sul quale le immagini lasciano traccia ("memoria corporea") ed è luogo generativo di elaborazione e di trasformazione dal quale le immagini prendono forma ("creazione corporea"). Il corpo costituisce una dimensione critica radicale e si fa tecnologia del Sé.

Bene lavora sull'autobiografia - utilizzando, come si è detto, un procedimento allegorico e un modo simbolico - per farla precipitare in immagine attraverso altre immagini, per metterla in relazione con altre immagini. Nel sincretismo di questa sequenza emergono, definendone la scansione interna, le differenti posture assunte dal corpo: il corpo-cosa (il vaso di rose recise di *Hermitage*), il corpo-legato (figura di altre immagini di corpi legati/bendati) e il corpo-ferito (secondo l'iconografia di San Sebastiano).

Nella sequenza del monologo dei cretini il corpo di Bene è quasi completamente avvolto da fasciature, da bende di garza e da una corda (come documentano le *rush*): attraverso questa immagine affiora simultaneamente l'immagine di un altro corpo bendato, quello messo in figura da Rudolf Schwarzkogler sia in *1. Aktion Hochzeit, 2. Aktion, 3. Aktion* (1965) - serie fotografiche documentate da Walter Kindler e da Ludwing Höffenreich - sia, soprattutto, in *4. Aktion* (1965, documentata anche cinematograficamente da Günter Brus) e in *6. Aktion* (1966). Materiali che, probabilmente, sono stati visti da Bene, la cui traccia e iscrizione sono una sorta di memoria performativa e corporea. Il corpo è luogo e supporto delle immagini e insieme figura relazionale con altri corpi.

In tale prospettiva, l'immagine messa in campo da Schwarzkogler, attraverso il corpo performativo/attoriale di Heinz Cibulka in *4. Aktion*, sembra essere indiziariamente

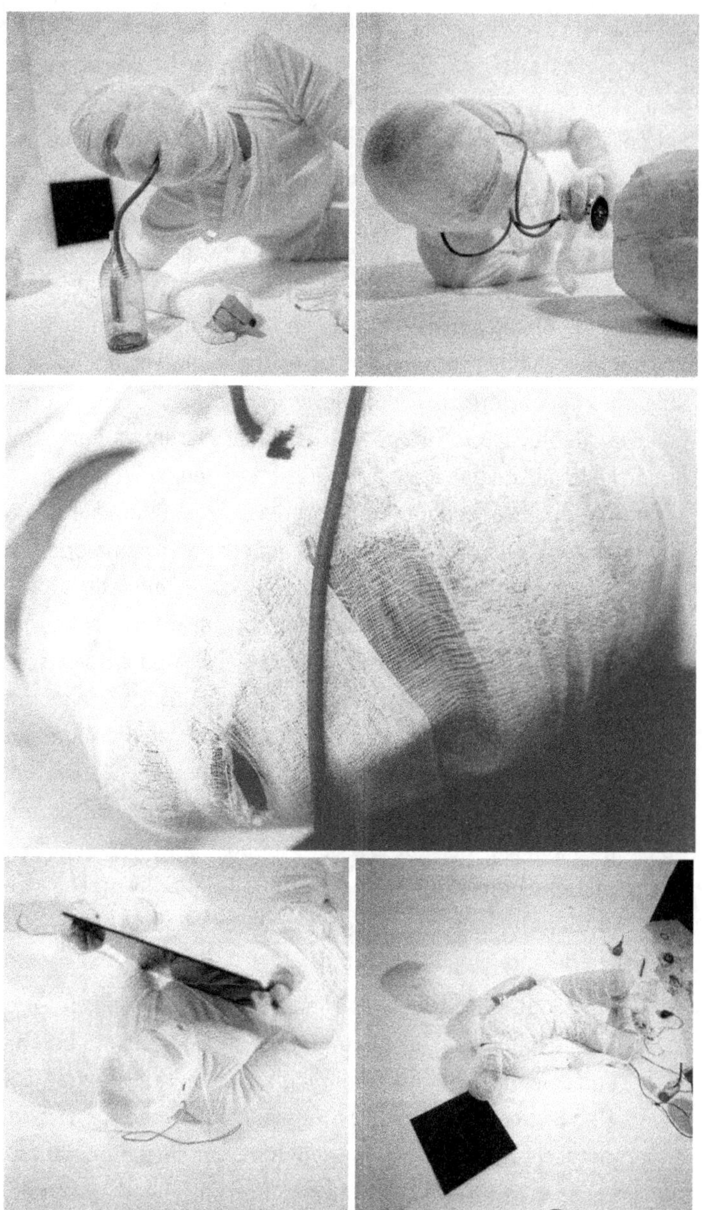

Rudolf Schwarzkogler, *6. Aktion,* 1966
Foto Michael Epp

sovrascritta, sovrapposta alla fotografia etnografica di Ando Gilardi del corpo legato e, nella versione filmica di *Nostra Signora dei Turchi*, pare posta in "variazione" dalla performance di Bene nel corso della già citata scena della partenza impossibile. Al riguardo di *1. Aktion* emerge l'uso di un blu particolare (vicino a un rosa e a un bianco), colore con valenza trasformativa per Schwarzkogler, che il performer Cibulka letteralmente inietta a dei pesci morti e a degli oggetti posti su di un "tavolo operatorio", alcuni dei quali - strumenti chirurgici e fili metallici - in azioni successive saranno finalizzati a peculiari azioni portate sul corpo dei performer (Cibulka/ Schwarzkogler). Come ricorda Cibulka, il blu è iniettato per trasformare creativamente gli oggetti e la natura, ma è anche proiezione di una luce fredda «di smeraldo bluastra, collegata alla crudeltà di una luce metallica abbagliante»[4]. Questo "blu", nella sequenza del monologo dei cretini, sembra essere traslato nel blu delle lampade Wood, nella luce vibrante in cui è immerso, con un effetto *flickering* - come se non avesse peso e misura - il corpo attoriale di Bene. La dimensione "dinamografica" della performance di Carmelo Bene incorpora alcune modulazioni delle *Aktionen* di Schwarzkogler. Nella versione filmica di *Nostra Signora dei Turchi*, dunque, quel che sembra tracciarsi e inscriversi non è solo una memoria del corpo quale luogo delle immagini, ma anche una relazione critica tra corpi (quello di Schwarzkogler e quello di Bene) e immagini (segnatamente della *6. Aktion* nella sequenza del monologo dei cretini).

Schwarzkogler definiva le sperimentazioni sul corpo proprio «azioni da tavolo», suscettibili di dar luogo a operazioni fisiche vere (soffocamenti, lacerazioni ecc.) o simulate (evirazioni e morti). Si tratta di sessioni performative solipsistiche, documentate fotograficamente e/o filmicamente, consistenti nella messa in relazione di materiali chirurgici (bende, cannule, tamponi, ma anche lamette da barba, fili elettrici ecc., disposti su di un tavolo) con il corpo proprio del performer Cibulka/

Rudolf Schwarzkogler, *1. Aktion, Hochzeit,*
1965. Foto Walter Kindler

Schwarzkogler e con lo spazio circostante. È un esercizio di autocontrollo che nell'ambito della Body art si sviluppa attraverso privazioni e prove di resistenza al dolore auto-causato (nel togliersi la pelle lembo a lembo, ad esempio: impossibile non pensare alla sequenza finale di *Salomè*, 1972)[5]. Simbolicamente (rispetto al contesto in cui l'Azionismo emerge nei primissimi anni Sessanta in Austria), pare di capire che il corpo che si fa supporto tecnico di auto-mutilazione generi un corpo ferito, già ferito, ossia un corpo che il potere non può più ferire.

In *Nostra Signora dei Turchi*, invece, rispetto alle «azioni da tavolo» teorizzate da Schwarzkogler, sembra attivarsi un principio sottrattivo: vi è un "tavolo", come già in *Hermitage*, ma non è funzionale ad azioni finalizzate e a ferimenti. Il "tavolo" si fa sia spazio operazionale (rituale) del processo di oggettivazione corporea sia punto di caduta (si pensi alle "cadute volontarie" nelle versioni letteraria e teatrale). Bene, qui e altrove nel suo *opus*, trasla la ferita (trauma) sulla benda («ferita era la benda, non il braccio»)[6]. La benda con cui si avvolge la testa e il corpo, come già nelle versioni teatrali, è anche usata come impedimento ed è inoltre il segno dei rituali, un marcatore della coesistenza del reale/immaginario e delle transizioni degli sdoppiamenti di Lui (gangster/turco, frate novizio/frate anziano, martire della fede/cavaliere ecc.).

Della sequenza del monologo dei cretini interessa qui innanzi tutto evidenziare, sul piano della forma, gli snodi intertestuali che concernono la relazione trasformativa che si traccia tra *Hermitage* e *Nostra Signora dei Turchi* per quanto attiene alla messa in scena del rapporto di equivalenza tra il corpo attoriale e gli oggetti. Rapporto che investe il processo di decostruzione del Soggetto - cui si è fatto cenno ripetutamente - nella dissociazione del Sé e nel processo che, già a queste date, si attiva mediante il pensiero e la pratica della corporeità oggettivata: il corpo come "cosa tra le cose" è un aspetto nodale dell'*opus* beniano (si pensi all'interesse per *Pinocchio* nelle versioni teatrali del 1961, 1966, 1981, 1998).

Vi sono poi, sul piano interdiscorsivo, un intervento critico e un'attenzione trasformativa ulteriore che evidenziano, al di là dei modi di ripetizione[7] e di ripresa implicati, come nella trasposizione di *Hermitage* in *Nostra Signora dei Turchi* operi una variazione che, in chiave indiziaria e intertestuale, richiama in modo singolare la figura del corpo bendato di Schwarzkogler in *6. Aktion.*

Non si tratta né più, né solo, dunque, di seguire nella sequenza del monologo dei cretini la riscrittura del processo di oggettivazione del corpo attoriale avviato nella versione filmica di *Hermitage*[8] [cfr., pp. 137-141], bensì di evidenziare il modo in cui esso si ripete differenziandosi. Tale processo, infatti, diviene parte del rituale delle cadute volontarie in cui "il corpo" è lentamente fatto salire sopra un tavolo e posto accanto a un vaso di fiori recisi; poi si leva in piedi e, infine, per un tempo protratto, si ferma, immobile. L'(in)azione, nondimeno, è sul piano discorsivo un'operazione decostruttiva compiuta sulla soggettività che qui Carmelo Bene mette in campo attraverso il mezzo cinematografico, affrontando le questioni teoriche che l'"Io sono nell'immagine" pone. Ciò porta a ipotizzare che in questa sequenza Bene operi simbolicamente, disattivandola, sulla metodica di enunciazione violenta adottata nei suoi lavori precedenti, in cui le "azioni" intraprese contro la soggettività e contro la corporeità - scritte nei romanzi e nei testi per il teatro, ma anche "performate" in scena - venivano designate da verbi quali "crocifiggere", "scorticare", "dissanguare", "uccidere" (come accade in *Manon*)[9]. Permangono, invece, o si interpongono altre azioni, quali il camminare sul fuoco e il ricercare il crash in *Manon* e in *Capricci*, dopo *The Car Crash* (1960) di Jim Dine, *Autobodys* (1963) di Claes Oldenburg e prima di *Crash* (1973) di James Graham Ballard.

Il tavolo di *Nostra Signora dei Turchi* è dunque per Carmelo Bene, a suo modo, un tavolo operatorio esattamente come lo è quello utilizzato da Schwarzkogler per le sue azioni. Tavolo operatorio dal quale cadere nel vuoto, dentro l'altrove che la voce (*over*) monologante *dice*. In questo passaggio l'immagine visiva e l'immagine sonora sono "eautonome" (secondo la lezione deleuziana)[10] e attivano l'interferenza tra il rituale delle cadute volontarie e il volo impossibile (riferito alle levitazioni di Giuseppe Desa da Copertino). L'interferenza è *generata* da peculiari forme di non corrispondenza dell'immagine visiva e dell'immagine sonora poste in un rapporto libero indiretto.

Guardando comparativamente alle *rush* e alle due versioni filmiche viene in evidenza il lavoro di condensazione della sequenza. Differentemente dagli altri materiali più frammentati e disseminati, il girato appare in un unico blocco, quasi fosse stato archiviato. La serie di inquadrature restituisce la captazione degli atti performativi del corpo attoriale come se, montando dall'interno, la (cine)ripresa stessa fosse intrinsecamente implicata in quegli atti attraverso un processo *autofilmantesi*, come in una "videoperformance". Il corpo attoriale raccorda da sé e su di sé le inquadrature, le raccorda sui propri movimenti e sulla propria immobilità e, dentro lo spazio dell'inquadratura, produce direttamente la propria variazione scalare: muta cioè, senza soluzione di continuità, dimensione. Ma il corpo attoriale è anche, come si è detto, luogo del rituale: un corpo investito dalla dissociazione delle relazioni fra gesto e azione, dal gesto che manca l'azione. In ciò consiste anche la distanza, rispetto ai temi dell'inorganico che già a queste date interessano il lavoro di Bene, dagli estremi della Body art in cui invece l'azione si installa nel corpo e diviene corpo.

Nel "girato" si evidenzia la tensione, l'interscambio repentino di tre modalità di ripresa quando il filmare diviene performance, quando il filmare è *anche* la performance e quando il filmare oggettiva la performance (distinta dal mezzo di captazione).

Tutti e tre i casi sono potenzialmente aperti all'indeterminazione del processo performativo in cui può avvenire la captazione di un evento unico, irripetibile, transeunte ancorché *filmato*.

Nella seconda fase della sequenza del monologo dei cretini, il movimento del corpo, i gesti performativi colti nel loro stesso farsi, restituiti dalla cinepresa nella flagranza di una processualità in atto sono estratti dal girato, frantumati e rimodulati dal montaggio: si tratta di gesti e azioni reiterati - il cadere su se stessi, il trascinarsi, il perdere peso/levitazione - colti con variabili rapporti di vicinanza/distanza, mostrati da punti di vista sempre differenti (differenti le angolazioni e le inclinazioni della cinepresa) e captati nei punti luce, nelle tracce del bianco glaciale delle bende e delle garze che avvolgono il corpo attoriale immerso nel blu fluorescente in uno spazio compresso, in un vuoto pneumatico, in uno spazio-tempo raggelato.

Sul piano visivo, il corpo bendato, iscritto in una campitura blu[11], *è a tratti come sospeso nel proprio movimento*. Nel cadere e nel rialzarsi è reiteratamente preso nel circuito rituale delle cadute volontarie o dell'impossibilità del volo. Quando né si vede né si sa se il movimento del cadere e del rialzarsi stia per compiersi o sia già stato compiuto, si apre nell'immagine uno spazio-tempo indeterminato.

Non è il cadere, il trascinarsi, il rialzarsi, ma è la modulazione visiva di ciò che in immagine si traccia attraverso il corpo attoriale che cade e risale ripetutamente a entrare in variazione con differenti rapporti di scala e differenti rapporti di velocità e di lentezza[12]. Si palesa la sovrasegmentalità del gesto performativo nell'immagine (nel passaggio dal cadere al risalire, all'interno dello stesso movimento performativo captato dalla cinepresa e trasformato dal montaggio) che si traccia e si iscrive filmicamente in modulazioni visive quasi «musicali», «come se fossero gli occhi ad afferrare il suono»[13], un suono "*altro*" dalla voce (monologo in *voice over*). Nella sequenza del monologo dei cretini, come si è detto, l'immagine sonora e l'immagine visiva, pur nella loro non corrispondenza, in alcuni momenti entrano in relazione audiovisiva, in un rapporto libero indiretto, in «eautonomia»[14], e dicendo quel che dicono «sui cretini che vedono o non vedono la Madonna»[15] dicono altro indefinitamente. In altri momenti, invece, sembrano disgiungersi radicalmente (come si dirà).

La complessità di ciò che si enuncia pone un problema di traducibilità dal letterario (via teatro) al filmico che, a sua volta, pone *cinematograficamente* non solo e non tanto il problema dell'immagine, ma l'immagine come problema. Si tratta, ancora una volta, di questioni relative alla figura, o meglio, alla possibilità della figura: alla figuralità. Tale possibilità non attiene a una messa in forma del pensiero, ma al corpo che *ancora* ha la capacità di aprire temporalmente l'immagine sul piano performativo. Il cinema, nella pratica di Carmelo Bene, capta la performatività del corpo (come documentano le *rush*) e la mette in figura lavorando sui blocchi di movimento/durata.

La ripetizione insita nella riscrittura concerne i "testi" ripresi (per così dire già testualizzati) e simultaneamente l'atto stesso della loro ripresa (ri-testualizzante). Ad esempio, nella sequenza del monologo dei cretini, qualora si alluda alla figura corporea di Schwarzkogler, come si è detto, questa è però decostruita, azzerata sul piano dei significati, cambiata di segno, scaricata dal proprio senso. In tale sequenza, in una delle sue modulazioni, la figura corporea dell'artista austriaco, se criticamente relata a quell'altra evocata da Bene nella posa di San Sebastiano, mette letteralmente in testo - mediante lo stesso corpo attoriale di Bene - il disfacimento dell'iconografia occidentale circa il corpo ferito e martirizzato. Nella sequenza del "monologo", il corpo è esangue, ma nessuna ferita visibile vi si apre, nessuna violenza è in atto; non si dà trascendenza corporea derivabile da qualche potere sovrumano che dovrebbe emanare dalla ferita aperta e dall'essere feriti.

Inoltre, quando il corpo attoriale bendato assume la postura di un San Sebastiano la direzione del capo è captata dalla cinepresa che si muove in panoramica orizzontale e inquadra un altro corpo, quello di Lydia Mancinelli/Santa Margherita: il formante plastico, disfatto, astrae la sua figura; l'immagine si deforma e diviene macchia (sospendendo la lettura iconica e cancellando progressivamente il riconoscimento iconografico e il rapporto figura /sfondo).

Il problema dell'immagine e dell'immagine come problema è risolto da Bene, in questa fase della sua ricerca, utilizzando - in modalità intertestuale e sincretica - "forme" criticamente svuotate del loro significato e trasformate in un'altra forma. La "forma" così forgiata *precede il* e *procede dal* nuovo enunciato, non si adatta plasticamente a esso e nemmeno corrisponde a ciò che, sul piano dell'espressione, "figura" in immagine. Cinematograficamente attraversata dalla variabilità, la forma non è posta in un processo trasformativo, bensì vi consiste. In termini deleuziani, essa inventa «blocchi di movimenti/durata»[16] e mette in variazione, in modalità disgiuntiva, il vedere e il parlare; più precisamente, «assicura la disgiunzione tra vedere e parlare». «Una voce parla di qualcosa. Si parla di qualcosa» e allo stesso tempo ci viene fatta vedere un'altra cosa. «E infine ciò che ci viene detto è *sotto* a ciò che ci viene fatto vedere»[17]. Da questo "*sotto*", in *Nostra Signora dei Turchi*, si muove una forza creatrice che svuota e trasforma non più, né soltanto, l'intertesto convocato, ma la forma stessa, la nuova forma. È sotterraneo ma attivo qui il principio di decostruzione interno a tutto l'*opus* beniano in cui «l'attentato alla forma è simultaneo alla forgia della forma stessa»[18]. Di questo processo *in actu* la variante filmica di *Nostra Signora dei Turchi* è un documento indiretto rivelativo.

L'ipotesi interpretativa è, dunque, che nella riscrittura del monologo dei cretini - sul piano visivo attraverso il corpo attoriale *e* sul piano sonoro attraverso la parola/voce *over*

- Carmelo Bene proceda nella sua opera di "decostruzione del Soggetto" utilizzando come "forma" il corpo bendato di Schwarzkogler dopo averlo *svuotato* del suo proprio senso e *trasformato* in *altro*.

Anche nella sequenza del monologo dei cretini si assiste, quindi, ancorché in chiave contestativa, al processo di sopravvivenza di una forma. Viene in chiaro, infatti, con un rilievo indiziario più forte rispetto all'utilizzo del dispositivo rituale del corpo attarantato, come tale sopravvivenza implichi un'effettuazione, un'operazione critica che si produce attraverso un espianto, una estraniazione e uno svuotamento di significato delle immagini trasposte e rese così sopravviventi.

Come si è detto, allo stato della ricerca, la ricezione dell'Azionismo in Italia è attestata solo a partire dagli anni Settanta. Non vi è alcuna traccia che rimandi a un possibile uso da parte di Bene delle fonti fotografiche di Walter Kindler, Ludwing Höffenreich e Michael Epp o dei film di Günter Brus e di Kurt Kren. Nondimeno, sul piano ipotetico, questi materiali avrebbero potuto circolare in qualche contesto galleristico in forma privata. Ci sono, però, le immagini in cui Bene sembra fortemente ironizzare sul compiacimento della violenza vera/falsa dell'azionista Schwarzkogler.

Comunque sia, nessuna prova, nessuna fonte. Del resto la sottrazione delle fonti, in quel giro d'anni (da *Gregorio: cabaret dell'800* a *L'orecchio mancante*) è, come si è detto, metodologia della pratica beniana.

In un certo senso, le immagini riprese e scaricate dalla loro portata semantica durante il processo compositivo non sono che dei materiali testuali, immagini-cliché, vale a dire immagini che precedono altre immagini che devono ancora essere generate, inventate. Gilles Deleuze (1981) le pone a tema nell'opera di Francis Bacon, quando scrive della «[...] pittura prima di dipingere»[19], facendo riferimento ai "dati figurativi" affioranti nel lavoro dell'artista attraverso il dispositivo fotografico; "dati" che precipitano nella figurazione, in un assedio di «foto che sono illustrazioni» e di «immagini che sono narrazioni»; "dati" che precedono il gesto pittorico baconiano rispetto al quale, tuttavia, la cultura delle immagini-cliché trova la propria deformante cancellazione "palintestuale". Deleuze evidenzia il rilievo che, nella ricerca artistica di Francis Bacon, hanno avuto sia l'impiego delle tecniche della tradizione pittorica (per ricavarne «qualcosa di radicalmente diverso» da quello che esse, entro quella stessa tradizione, hanno prodotto) sia l'uso della fotografia: da Muybridge, alla fotografia medica (*Positioning in Radiography*, 1939, di Clark, ad esempio), a certo cinema [il "grido umano" è trovato nell'urlo della bambinaia ne *La corazzata Potëmkin* (*Bronenosec Potëmkin*, 1925) di Sergej Ejzenštejn], come già, in pittura (in *The Massacre of the Innocents*,1624-1625, di Nicolas Poussin). Deleuze mette in rilievo l'utilizzo delle immagini-cliché attraverso la mediazione fotografica, in quanto l'immagine fotografica dispone un «vagare al suo interno» e la possibilità di estrarre quella che è la sua realtà spesso funzionante come un complesso «detonatore di idee».

Le immagini-cliché riguardano il lavoro di Carmelo Bene non tanto per un'urgenza inventiva, quanto per far precipitare l'immaginario, per così dire, concretizzandolo in un'immagine o in una serie di immagini. Maurizio Grande (1973), nella sua analisi, evidenzia in *Nostra Signora dei Turchi* e in *Capricci* un piano discorsivo che investe l'«[...] esposizione e/o la materializzazione (fenomenica: a livello di immagini e di sonoro) dell'*immaginario*»[20]. Dove immaginario è immagine mentale che si forma manifestandosi e che prende, nelle varie occorrenze mediali, differenti iscrizioni "materiche". Ad esempio, nella prima versione teatrale di *Nostra Signora dei Turchi*, l'apparizione di Santa Margherita si concretizza attraverso moduli formali riferibili alle pratiche dell'happening, come si evince da una recensione dell'epoca: «[...] Santa Margherita arriva scivolando sui pattini, col suo bel camicione, completa di aureola [...]»[21]. Non a caso Bene, in un'intervista, fa riferimento alla lastra di vetro - schermo e soglia - che, posta tra spazio scenico e il pubblico, costringe quest'ultimo «a vedere "azioni", non già a udire parole»[22]. Diversamente, l'immagine fa problema perché quando si usa il mezzo cinematografico «servendosi di un montaggio successivo alle riprese», si «utilizzano cose morte e [se] ne trasforma [...] la realtà legando immagini e suoni in funzione dei concetti»[23] (c'è qui, come altrove, un'interferenza con la teoria artaudiana)[24].

L'immagine fa problema quando, per manifestarsi, deve trovare iscrizione limitando così o annientando il movimento performativo, la dimensione sovrasegmantale, extralinguistica e *corporea* dei linguaggi. Dimensione che, tuttavia, l'immagine filmica può captare e potenziare se e solo se *filmantesi*, ossia se ha la capacità dell'immediato (lezione joyciana). Questa sembra essere la posta in gioco nella pratica del cinema (o ciclo della *dépense*) di Carmelo Bene.

Le immagini-cliché sono un oggetto necessario per la configurazione di una nuova immagine rispetto alla quale ogni prelievo di elementi (da testi visivi-cliché) rileva un piano di interazione e, insieme, di de-costruzione che si precisa in una catena di atti re-attivi. Questi ultimi, per motivazioni (storico-culturali) polemiche precise e contingenti, mettono in campo un "contro-discorso".

Insistite restano le immagini, certe immagini, in un reticolo di relazioni (inter)discorsive e su più piani. Ci si imbatte, una volta di più, nel fatto che l'interpretazione di un'immagine sia sempre un'altra immagine. Soprattutto quando e dove l'immagine fa problema e si fa, in molti sensi, critica, essa attiva *nel* tempo uno scarto improvviso *del* tempo. Apre una storia di dispersioni, di sopravvivenze e di anacronie.

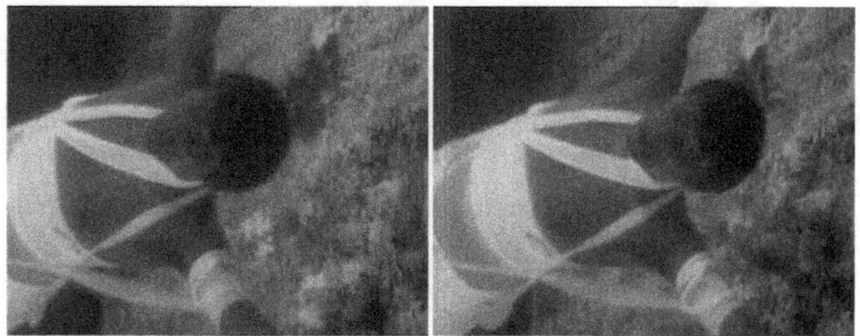

Nostra Signora dei Turchi, 1968 (film 124'). Video still. Courtesy Fondazione Centro Sperimentale di Cinematografia, Cineteca Nazionale di Roma

Nell'*opus* beniano, ad esempio, *Manon* (1964) è una caso sintomatico di elementare, deliberata manipolazione della cronologia. Infatti, dopo l'uscita di *Capricci* (1969), nel corso di due interviste, Bene ne retrodata la scrittura (letteraria e scenica) forse allo scopo di sottrarre il film alle interpretazioni dei contemporanei che in certi passaggi di *Capricci* vedevano citatato *Week-end* (1967) di Jean-Luc Godard. In *Manon* si è dinanzi a un accumulo di incidenti automobilistici (intenzionalmente provocati per suicidarsi/uccidere) e a un accumulare disastri[25] (lettura di Prévost attraverso Sade). In *Capricci* i *crash* non sono tanto uno strumento suicidario[26], quanto una ripetuta ricerca sul divenire macchinico dei corpi[27] (come accade nella performance di Carmelo Bene/Des Grieux e di Anne Wiazemsky/Manon). Non ci si vuole qui soffermare sui molteplici fili interdiscorsivi che si aggrovigliano e si dipanano intorno alle definizioni ontologiche dell'arte che *Capricci* parodicamente inscena attraverso la relazione d'immagine che si produce tra la "pittura" e la sua supposta referenza alla "realtà". Particolari (bidimensionali) tratti da quadri di Giorgio

Morandi, Giorgio De Chirico e Renato Guttuso vengono tradotti tridimensionalmente sul set[28] da un pittore (Tonino Caputo) e riportati all'immagine filmica. Il rapporto d'immagine tra la "pittura" e la "realtà" è ricondotto da Bene a un'operazione nella quale un pittore, ispirandosi a un tavolo dipinto, ne «sta dipingendo (o meglio sta tingendone) uno vero»[29].

Qui, invece, si vuole semplicemente sottolineare la sfasatura cronologica cui si è fatto sopra cenno, per mezzo della quale Bene intende sovvertire l'interpretazione di chi, all'epoca, in *Capricci* vedeva *Week-end* di Godard. In un'intervista, Bene sostiene: «Tutto l'episodio che riguarda le automobili in *Capricci* è stato scritto e concepito da me in un'opera che si chiamava *Manon*, da me scritta nel 1959-1960, edita dall'editore Lerici nel 1962, [presentata a teatro] a Roma e Napoli nel 1963 e 1964. Godard in quel periodo non aveva girato *Week-end* [...] Le date possono cancellare ogni sospetto»[30].

Nostra Signora dei Turchi e *Capricci* paiono comunque in relazione a certi film godardiani. Più in generale, diviene allora evidente in che modo un regista o un artista possano guardare alla pratica o, più propriamente, alla precisa opera di un contemporaneo in chiave critica o polemica sulla base di nuovi e diversi criteri e tanto più in un contesto artistico culturale quale quello, investito da profonde trasformazioni, della seconda metà degli anni Sessanta. Simultaneamente diviene chiaro come, sul breve periodo, si produca e si manifesti da un'opera all'altra, da un medium all'altro, il "movimento delle immagini" i cui lievi anacronismi (anticipazioni e retrospezioni) restituiscono in modo vibratile i processi estetici e culturali che sul lungo periodo si disperdono o si tracciano nella fenomenologia dell'immagine. Ad esempio, film quali *Nostra Signora dei Turchi* e *La vestizione* (1968) di Tonino de Bernardi sono rispettivamente e singolarmente intrecciati alle diversissime pratiche di Bene e Pistoletto, eppure tra i due film sembra esserci un contatto, un'interferenza, una relazione visiva tra due inquadrature.

La versione filmica di *Nostra Signora dei Turchi* dischiude un universo mentale d'immagini che attraverso complesse dinamiche transtestuali precipitano in figure - nelle manifestazioni di oggetti, cose, corpi - diversamente esperite da Carmelo Bene a teatro. La messa in atto di tali figure è la condizione di possibilità di una altrimenti inaccessibile autobiografia in forma cinematografica.

La vestizione è un film multiautoriale *nel* quale e *dal* quale si innervano altre opere: esso contiene e riflette il quadro specchiante *Donne nude che ballano* (1966) di Michelangelo Pistoletto, «la cui immagine è tratta da *The human figure in motion (1901)*, collezione di celebri studi fotografici con i quali [Eadweard] Muybridge aveva scomposto il movimento in singoli fotocronogrammi» e anticipa motivi che saranno ripresi «nel velo che circonda le azioni ne il *Tè di Alice* (1969) o nel gioco col lenzuolo di *Bello e basta* (1970), realizzate da Pistoletto con il gruppo Lo Zoo». Il film stesso «può essere considerato una versione cinematografica e un'anticipazione dell'azione *Cocapicco e Vestito rito* realizzata da Pistoletto, Maria Pioppi, Carlo Colnaghi e altri l'otto maggio 1968 al Piper Pluriclub di Torino»[31].

La vestizione ha inizio con un primissimo piano del volto di Maria Pioppi, una ripresa frontale in *semiplongée* dal basso. «Per alcuni minuti l'inquadratura rimane sul suo volto, spostandosi

La vestizione 1969. Courtesy Archivio Pistoletto, Fondazione Pistoletto Biella

con un incedere lentissimo solo lungo l'asse orizzontale, fino a far entrare in campo prima il volto di Pistoletto, poi quello degli altri interpreti (anche in questo caso gli altri registi), tutti con un'espressione intensa e solenne - sottolineata dalla musica sacra (la *Messa in do minore* [K 427] di Mozart) che fa da colonna sonora al film - alcuni con il capo reclinato ad accentuare la prospettiva dal basso, in un succedersi di composizioni statiche dei diversi volti. L'inquadratura gradualmente si apre mostrando le mani di Pistoletto che formano con del cellophan una gorgiera intorno al collo di [Maria] Pioppi»[32]. Ancorché entro un altro processo di composizione performativa e audio-visiva, il primissimo piano del volto di Maria Pioppi a *incipit* de *La vestizione* attiva un rimando al primissimo piano del volto di Lydia Mancinelli inquadrato in diagonale e in *contreplongée* in *Nostra Signora dei Turchi*. Si delinea una relazione tra cinema e pittura quale fonte iconografica per la ripresa di un modello di rappresentazione, quello della "Madonna" (canone di certa bellezza femminile), che in *Nostra Signora dei Turchi* attiene a una "apparizione" capace di innescare uno dei "rituali" e che in *La vestizione* concerne il processo di costruzione dell'immagine come *plan-tableau* e ha carattere performativo. In *La vestizione* il *focus* è su un'azione che si svolge in alto, in cima a una scala, dove è posta Maria Pioppi. Ed è la gorgiera - che nelle mani di Pistoletto prende forma dal cellophan - il dettaglio "caricato" per risultare interferente con l'inquadratura in primissimo piano di Lydia Mancinelli e che sposta il modello figurativo dalla dimensione "ieratica"[33] a quella "aristocratica" della ritrattistica del XVI-XVII secolo. In entrambi i casi la figurazione non è oggetto di indagine né è trasformata in oggetto teorico, ma è invece transtestualmente criticata attraverso l'azione performativa.

Indagando il processo di ricerca in cui consiste la versione filmica di *Nostra Signora dei Turchi*, dai materiali raccolti nel corpus delle *rush* emerge, come si dirà, un caso singolare di anacronia. Come già accade, ad esempio, anche nel passaggio filmico di *Nostra Signora dei Turchi* in cui il volto in primo piano di Carmelo Bene rimanda anticipatamente al volto di Giuseppe Penone nell'azione *Rovesciare i propri occhi* (1970).

Le *rush* sono un avantesto e documentano non solo la metodologia compositiva *visiva* del film in ragione del fatto che il girato è silente (il film infatti è stato sonorizzato in postproduzione), ma anche la pratica performativa di Carmelo Bene. Nel loro complesso, infatti, rispetto ai blocchi spazio-temporali del film, questi materiali mostrano come una stessa azione performativa insistita (ripresa da più punti di vista in funzione del montaggio), nel ripetersi, si manchi perché qualcosa la disattiva. Così che l'azione non ha culmine, finalità, esito, fine. Azione serializzata in cui si vede come Carmelo Bene stia operando sul processo di ripetizione (al di là e al di qua della macchina da presa) quando lavora sull'indeterminazione dei gesti e quando all'improvviso ne decide il punto di arresto, interrompendo la performance *in actu* (spesso segnalandolo con uno sguardo in macchina a Mario Masini). Gli "scarti" del girato sono dunque documenti del processo performativo che attraversa il film in relazione al montaggio.

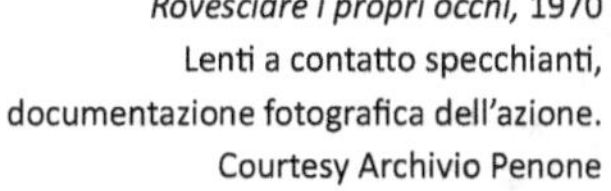

Rovesciare i propri occhi, 1970
Lenti a contatto specchianti,
documentazione fotografica dell'azione.
Courtesy Archivio Penone

Nell'insieme imponente di questi materiali "scartati" vi è una serie di riprese che non sono mai state oggetto di montaggio perché letteralmente rimosse dal progetto filmico. Si tratta di una sequenza di immagini che non ha corrispondenza diretta con le versioni letterarie e teatrali, ma l'hanno con la biografia di Bene. Questi materiali rimossi ci espongono non solo all'archivio che l'immagine forma[34] e che in essa si forma, ma anche all'esperienza dell'anacronia con una modalità anticipativa.

Essi sembrano ricomporre tutta la ricerca di Bene sulla corporeità/corporalità degli anni Sessanta entro una straniante eterocronia. I piani-sequenza tracciano un osservare e mostrare, in campo lungo, l'estensione di un paesaggio naturale in tufo che presenta due fenditure che appaiono progressivamente sempre più profonde e svuotate (come in una cava) ad aprire la via e a formare un *dromos* aperto sul mare. Il corridoio a cielo aperto si anima di piccoli fuochi disseminati, della loro capacità di ardere, dei loro fumi che si addensano e si disperdono e delle segnature che il performer (Carmelo Bene) introduce attraversandoli prima intenzionalmente, poi alla cieca, andando verso il mare.

Nel guardare queste immagini straordinarie si vedono altre immagini a venire: quelle documentate fotograficamente dell'earthwork *Double Negative* realizzato da Michael Heizer nel deserto Nevada. Ma il *dromos* sul mare non ha un doppio, differentemente dall'earthwork di Heizer. Opera simmetrica, questa, che secondo la descrizione di Rosalind Krauss è composta:

Michael Heizer, *Double Negative* 1969
Mohave Desert, Nevada
Foto Gianfranco Gorgoni

Video still da un azione performativa non montata nel film *Nostra Signora dei Turchi* (Italia 1968). Courtesy Fondazione Centro Sperimentale di Cinematografia, Cineteca Nazionale di Roma

[...] da due incisioni [...] scavate nella cima di due tavolati situati ai due lati di un profondo burrone. Data l'enormità delle sue dimensioni e la sua posizione, l'unico modo di esperire quest'opera è di esservi dentro, abitarla nello stesso modo in cui pensiamo di abitare lo spazio del nostro stesso corpo. [...] Benché l'opera sia simmetrica e dotata di un centro (il punto mediano del burrone che separa le due incisioni), questo centro si sottrae e ci resta inaccessibile. Possiamo solo stare in uno degli scavi e considerare l'altro a partire da questa posizione. Meglio: è soltanto guardando l'altro spazio che ci formiamo un'immagine di quello in cui noi stiamo[35].

In questo blocco di inquadrature rimosse, Carmelo Bene affronta uno spazio-tempo singolare nel quale il fuoco, il camminare sul fuoco, il bruciare, il carbonizzare un oggetto simbolico (un impermeabile che è quasi una seconda pelle)[36] e il giocare col fuoco[37] dischiudono un campo rituale di trasformazione dalle arcaiche reminiscenze che l'arte contemporanea, a suo modo, richiama con differenti intenti ed esiti nell'opera di Jannis Kounellis e in *Le feu* (1971) di Gina Pane. Questa figura del fuoco (già presente in *Hermitage*) viene re-introdotta da Bene in *Nostra Signora dei Turchi* nella sequenza della partenza, dei legami, del «*se déprendre de soi même*» a ogni costo.

In fine, nel complesso, è possibile rilevare come i passaggi trasformativi di una forma, il movimento anacronico delle immagini, l'archivio delle immagini, le immagini-cliché siano questioni emergenti nell'opera di Carmelo Bene attraverso il suo lavoro sulla performatività e sulla corporeità che assume i tratti di una teoria, le cui condizioni di possibilità sono date dal contesto culturale e artistico degli anni Sessanta che si intesse in modo policentrico tra Roma, Torino, Genova, Bologna e Napoli. Contesto nel quale e rispetto al quale Carmelo Bene opera, fa, inventando e abitando un posto[38] che prima non c'era tra differenti campi disciplinari, prendendo posizione, de-costruendo, introducendo un nuovo linguaggio retto da un sostrato teorico in formazione. In quello che fa o viene facendo, *iuxta propria principia*, Bene incrocia non tanto il dispositivo di esibizione, gli spazi di presentazione o di visibilità dell'arte[39], quanto singole opere incontrate anche attraverso la mediazione delle persone (filmmaker, compositori/ musicisti, galleristi/e, artisti/e) e attraverso la documentazione fotografica o filmica.

La pratica di Carmelo Bene è tangente al mondo dell'arte contemporanea, l'attraversa disperdendosi. Ma tale attraversamento, nei suoi punti di dispersione, per un effetto *rebound* consente di provare a tracciare da una nuova prospettiva la disseminazione della modalità performativa nel campo allargato delle arti visive in Italia nel corso degli anni Sessanta.

1. Letizia Paolozzi, "I 'maledetti' del teatro italiano" *ABC*, dicembre 1966, p. 8.

2. Carmelo Bene, Giancarlo Dotto, *Vita di Carmelo Bene*, cit., p. 103-104.

3. *Ivi*, pp. 110-111.

4. Scritto di Heinz Cibulka in Francesca Alfano Miglietti (a cura di), *Rudolf Schwarzkogler*, catalogo della mostra presso la galleria Lattuada Studio, Milano, Lattuada Studio 1998, s.p.

5. Nel romanzo *Credito italiano V.E.R.D.I.* (1967) Bene lascia irrompere la violenza (crocifissioni omicide e autocrocifissioni suicidarie, tagli della lingua, autoevirazioni). In questa fase della ricerca di Bene vi è la "profanazione", non la degradazione o l'abiezione dei corpi.

6. Carmelo Bene, *Macbeth*, in Id., *Opere con l'Autografia d'un ritratto*, cit., pp. 1202-1232.

7. Come sostiene Giacché: «Per Carmelo Bene, *ripetere* si traduce con *rifare* ma mai come *replicare*, un rifare che è però appunto ripetere e mai riprodurre, perché la ripetizione insiste e si ripiega su se stessa come in un'ostinata operazione di scavo e non si mette a inseguire modelli o a ricoprire risultati. *Ripetizione* è un termine contiguo ma contrario a *imitazione*: vive spesso in simbiosi ma gira decisamente le spalle alla *rappresentazione*». Piergiorgio Giacché, *Carmelo Bene. Antropologia di una macchina teatrale*, cit., p. 70.

8. A sua volta prefigurata, come già evidenziato, dal racconto breve omonimo, in cui si legge: «Guardò sul tavolo i fiori artificiali stralunati. Fu tentato di mettere il vaso nel letto al posto suo e lui sul tavolo al posto del vaso». Carmelo Bene, *Hermitage*, cit.

9. Nel copione base di *Manon* si legge: «[...] noi possiamo qui sostenere, in nome di un epilogo qualunque, che Manon bisogna ucciderla (magari inavvertitamente). La morte naturale e per eventi è immeritata. Bisogna ucciderla, e il candidato più qualificato a farlo è Des Grieux che, maldestro in finale come all'inizio, può farlo anche nella prima scena [...]». Carmelo Bene, *Pinocchio, Manon e Proposte per il teatro*, Lerici, Milano 1964, pp. 78-97.

10. Gilles Deleuze, *L'immagine-tempo*, cit., pp. 287-288.

11. Ci si riferisce in particolare alla versione filmica di 142'.

12. Gilles Deleuze, "Un manifesto di meno", cit., p. 83.

13. *Ivi*, p. 84.

14. Gilles Deleuze, *L'immagine-tempo*, cit., pp. 287-288.

15. Carmelo Bene, *Nostra Signora dei Turchi*, cit., p. 51.

16. Gilles Deleuze, "Che cos'è l'atto di creazione?", in Id., *Due regimi di folli e altro scritti. Testi e interviste 1975-1995*, a cura di Deborah Borca, Einaudi, Torino 2003, p. 258.

17. Gilles Deleuze, "Che cos''è l'atto di creazione?", cit., p. 262.

18. Carmelo Bene, *l' mal de fiori. Autointervista dell'autore*, Roma, 16 maggio 2000 https://www.wuz.it/archivio/cafeletterario.it/152/cafelib.htm [ultimo accesso: 12 dicembre 2019].

19. Gilles Deleuze, *Francis Bacon. Logica della sensazione*, cit., pp. 157-166.

20. Maurizio Grande, "Arte e Messinscena", cit., p. 93.

21. Letizia Paolozzi riporta nel periodico *ABC*, in una recensione già citata ("I 'maledetti' del teatro

italiano") un'intervista affatto surreale a Lydia Mancinelli ("Lyda degli scheletri") corredato da un servizio fotografico altrettanto surreale, cit., pp. 8-9.

22. Noël Simsolo,"Carmelo Bene: Capricci", in Emiliano Morreale, cit., p. 30.

23. Noël Simsolo,"Incontro con Carmelo Bene", in Emiliano Morreale, cit., p. 70.

24. Carmelo Bene legge le *Opere complete* di Antonin Artaud pubblicate da Gallimard: *Il teatro e il suo doppio*, con la prefazione "Le théâtre de la cruauté et la clôture de la représentation" di Jacques Derrida, saggio apparso su *Critique* n. 230 luglio 1966 e successivamente editato in *L'écriture et la différence* (1964). Nel 1965 *Sipario* dedica un numero monografico, curato da Graziella Drudi, al Teatro della crudeltà di Artaud e nel 1968 *Il teatro e il suo doppio* viene pubblicato da Einaudi.

Nel corso di un'intervista, Bene rileva la disseminazione del lavoro di Artaud in Italia in rapporto alla ricezione della critica, egli sostiene: «[...] Una cosa è buffa: cinque anni or sono, il nome di Antonin Artaud non era ancora bianco rosso e verde. Nessuno ne parlava, il nostro pubblico andava ancora a confessarsi all'altare ambrosiano dei santissimi Brecht e Weill. Cominciai a frequentare un modo di teatro che qualche accorto definì "artaudiano"».

Adriano Aprà, Gianni Menon, "Conversazione con Carmelo Bene", in Emiliano Morreale, cit., pp. 92-93.

In merito al lavoro di Carmelo Bene sull'opera di Antonin Artaud si veda Francesca Rachele Oppedisano, *Carmelo Bene. Un lottatore contro il suo tempo*, Tesi di Dottorato di ricerca in "Memoria e materie dell'opera d'arte attraverso I processi di produzione, storicizzazione, conservazione e musealizzazione", XIX Ciclo, 2003-2006, Università degli Studi Viterbo Tuscia.

25. Carmelo Bene, Giancarlo Dotto, *Vita di Carmelo Bene*, cit., p. 293.

26. Il tema viene ripreso da Bene in chiave autobiografica per enfatizzare l'utilizzo delle automobili come strumenti suicidiari «[...] la lamiera piuttosto della lametta, come ingrandimento [...]». Carmelo Bene, *Sono apparso alla Madonna*, cit., p. 123.

27. Carmelo Bene, *Manon,* cit., p. 95.

28. Tonino Caputo, "Le pitture di scena", cit., 293.

29. Carmelo Bene, *Opere con l'Autografia d'un ritratto*, cit., p. 625.

30. Adriano Aprà, Gianni Menon "Conversazione con Carmelo Bene", in Emiliano Morreale, cit., p. 43.

31. Marco Farano, Maria Cristina Mundici, Maria Teresa Roberto, *Michelangelo Pistoletto. Il varco dello specchio. Azioni e collaborazioni 1967/2004*, Edizioni Fondazione Torino Musei, Torino 2005, pp. 74-77.

32. Ivi, cit.

33. Ieraticità già attiva in altro primo piano di Lydia Mancinelli in *Hermitage* che rimanda a quello di Renée Falconetti in *La passione di Giovanna d'Arco* (1928) di Carl Theodor Dreyer.

34. Georges Didi-Huberman, "L'immagine brucia", in Andrea Pinotti, Antonio Somaini (a cura di), *Teorie dell'immagine*, Raffaello Cortina, Milano 2009, p. 243.

35. Rosalind Krauss, "*Doppio negativo*: una nuova sintassi per la scultura", in Ead., *Passaggi. Storia della scultura da Rodin alla Land Art* (1981), Bruno Mondadori, Milano 1998, pp. 281-282.

36. «Fortuna che aveva con sé l'impermeabile, un impermeabile sbiadito, inglese, che indossava anche nei giorni di sole», Carmelo Bene, *Nostra Signora dei Turchi*, op. cit., p. 48; Carmelo Bene,

Giancarlo Dotto, *Vita di Carmelo Bene*, cit.,
p. 151.

37. Adriano Aprà, Gianni Menon
"Conversazione con Carmelo Bene", cit.,
p. 89.

38. Gli spazi che inventa o reinventa, lo si è
detto, sono il Teatro Laboratorio, il Teatro
Beat 72 e il Teatro Carmelo Bene, ma
contemporaneamente, a Roma, frequenta
il Ridotto dell'Eliseo, il Teatro delle Muse,
il Teatro De' Servi, Il Teatro Arlecchino, il
Teatro dei Satiri, il Teatro delle Arti.

39. Jacques Rancière, *Il disagio
dell'estetica,* cit., p. 36.

Giorgio Agamben, *La potenza del pensiero. Saggi e conferenze*, Neri Pozza, Vicenza 2005.

Giorgio Agamben, *Profanazioni*, Nottempo, Roma 2005.

Giorgio Agamben, *Che cos'è un dispositivo?*, Nottetempo, Roma 2006.
Giorgio Agamben, *Nudità*, Nottempo, Roma 2009.

Adriano Aprà, "Carmelo Bene, oltre lo schermo", AA.VV., *Per Carmelo Bene, Linea d'ombra, Milano 1995*.

Antonin Artaud, *Il teatro e il suo doppio* (1938), Einaudi, Torino 1968.

Umberto Artioli, Carmelo Bene, *Un Dio assente. Monologo a due voci a teatro*, Medusa, Milano 2006.

Antonio Attisani, " Il n'était qu' un performer", in Christian Biet, Cristina De Simone (a cura di), *D'après Carmelo Bene, Revue d'Histoire du Théâtre*, 3, n. 236, Julliet- Septembre 2014, pp. 275-283.

Jacques Aumont, *A cosa pensano i film* (1996), ETS, Pisa 2007 (ed. orig. 1996).

Jacques Aumont, *Notre-Dame des Turcs, Carmelo Bene 1968*, Aléas cinéma, Lyon 2010.

Massimo Bacigalupo (a cura di), "Il film sperimentale", in *Bianco e Nero*, n. 5-8, maggio-agosto 1974.

Fulvio Baglivi, Maria Coletti (a cura di), *Il cinema, oppure no*, Centro Sperimentale di Cinematografia - Cineteca Nazionale, Roma 2012.

Luca Massino Barbero, Francesca Pola (a cura di), *L'Attico di Fabio Sargentini 1966-1978*, catalogo della mostra *L'Attico di Fabio Sargentini 1966-1978*, MACRO, Roma 26 ottobre 2011 - 6 febbraio 2011, Electa, Milano 2001.

Renato Barilli, *La performance oggi. Settimana internazionale della performance. I quaderni della sperimentazione: n. 1*, catalogo Galleria Comunale d'Arte Moderna, Bologna 1 - 6 giugno 1977, La Nuova Foglio, Bologna 1977.

Roland Barthes, *Il grado zero della scrittura* (1953, 1972), Einaudi, Torino 1982.

Roland Barthes, *Sade, Fourier, Loyola* seguito da *Lezione* (1971; 1977), Einaudi, Torino 2001.

Roland Barthes, *Il brusio della lingua. Saggi critici IV* (1971), Einaudi, Torino 1988.

Giuseppe Bartolucci, "Carmelo Bene o della sovversione, *La scrittura scenica*, Lerici, Roma 1968, pp. 16-28.

Giuseppe Bartolucci, "Il tritticoimmagine (Carmelo Bene)", *Teatroltre*, n. 3, 1971, pp. 21-42.

Giuseppe Bartolucci "Per una lettura di Carmelo Bene dal sessanta al settanta", in *Bianco e Nero*, n. 11-12, novembredicembre 1973, pp. 6-18.

Giuseppe Bartolucci, "Sul tragico rappresentativo di Carmelo Bene", in Filippo Bettini, Francesco Salina (a cura di) "Il nuovo teatro di Carmelo Bene", *Quadrangolo* n. 5, 1976, pp. 69-71.

Hans Belting, *Antropologia delle immagini* (2002), Carocci, Roma 2011.

Carmelo Bene, *Pinocchio, Manon* e *Proposte per il teatro*, Lerici, Milano 1964.

Carmelo Bene, *Nostra Signora dei Turchi*, Sugar, Milano 1966 (riedito, con introduzione di Ugo Volli, SugarCo, Milano 1978).

Carmelo Bene, *Credito italiano V.E.R.D.I.*, Sugar, Milano 1967.

Carmelo Bene, *L'orecchio mancante*, Feltrinelli, Milano 1970.

Carmelo Bene, *A boccaperta, Giuseppe Desa, S.A.D.E., Masoch*, Einaudi, Torino 1976.

Carmelo Bene, "Il rosa e il nero", in Franco Quadri, *L'avanguardia teatrale in Italia*, Einaudi, Torino,1977 (riedito da Giusti, Firenze 1979).

Carmelo Bene, "Niente scuole" in Sipario n. 405, anno XXXV, 1980.

Carmelo Bene, *Sono apparso alla Madonna*, Longanesi, Milano 1983.

Carmelo Bene, *Opere con l'Autografia d'un ritratto*, Bompiani, Milano 1995.

Carmelo Bene, *l' Mal de' fiori*, Bompiani, Milano 2000.

Carmelo Bene, *La voce di Narciso*, a cura di Sergio Colomba (con interventi di Sergio Colomba, Maurizio Grande, Alberto Signorini), Milano, Il Saggiatore 1982.

Carmelo Bene, Gilles Deleuze, *Sovrapposizioni*, Feltrinelli, Milano 1978.

Carmelo Bene, Giancarlo Dotto, *Vita di Carmelo Bene*, Bompiani, Milano 1998.

Walter Benjamin, *Sul concetto di Storia,* in Gianfranco Bonola e Michele Ranchetti (a cura di), Einaudi, Torino 1997.

Emile Benveniste, *Problemi di linguistica generale* (1966), Il Saggiatore, Milano 1971.

Emile Benveniste *Problemi di linguistica generale II* (1974), Il Saggiatore, Milano 1985.

Ilaria Bernardi, *La Tartaruga. Storia di una galleria*, Postmedia Books, Milano 2018.

Paolo Bertetto, Ugo Nespolo (a cura di), *L'occhio dell'immaginario. Il cinema sperimentale e il cinema d'artista in Italia*, catalogo, Galleria d'Arte Moderna Torino, 22-26 maggio 1978.

Filippo Bettini, "Nostra Signora dei Turchi. Le metamorfosi della contraddizione. Da un teatro del vitalismo ad un teatro della differenza", in Filippo Bettini, Francesco Salina (a cura di), "Il nuovo teatro di Carmelo

Bene", *Quadrangolo* n. 5, 1976, pp. 75-80.

Filippo Bettini, Francesco Salina (a cura di) "Il nuovo teatro di Carmelo Bene", *Quadrangolo* n. 5, 1976.

Christian Biet, Cristina De Simone (a cura di), *D'après Carmelo Bene, Revue d'Histoire du Théâtre*, 3, n. 236, Julliet-Septembre 2014.

Alberto Boatto, "Lo spazio dello spettacolo", (1967), in Massimo Barbero e Francesca Pola (a cura di), catalogo della mostra *L'Attico di Fabio Sargentini 1966-1978*, MACRO, Roma 26 ottobre 2011 - 6 febbraio 2011, Electa, Milano 2001.

Luca Buoncristiano, *Panta Bene*, n. 30, Bompiani, Milano 2012.

Peter Bürger, *Teoria dell'avanguardia* (1974), Boringhieri, Torino 1990.

Judith Butler, *Questioni di genere. Il femminismo e la sovversione dell'identità* (1990), Laterza, Roma-Bari 2013.

Judith Butler *Parole che provocano. Per una politica del performativo* (1997), Raffaello Cortina, Milano 2010.

Maurizio Calvesi, "Arte e tempo", *Teatro delle Mostre*, catalogo esposizione *Teatro delle Mostre* galleria La Tartaruga, Roma, 6 - 31 maggio 1968, Lerici, Milano 1969.

Maurizio Calvesi, *Cronache e coordinate di un'avventura. Preistoria della "Scuola di Piazza del Popolo", Roma anni '60. Al di là della pittura*, catalogo della mostra Palazzo delle Esposizioni, Roma, 20 dicembre 1990 - 15 febbraio 1991, Edizioni Carte Segrete, Roma 1990.

Piero Camporesi, *La carne impassibile* (1983), Il Saggiatore, Milano 1991

Diego Carpitella, "Pratica e teoria nel film etnografico italiano: prime osservazioni", in *La Ricerca Folkloric* N°. 3, "Antropologia visiva. Il cinema", aprile 1981, pp. 5-22

Germano Celant, *Preconistoria 1966-69*, Centro Di, Firenze 1976.

Germano Celant (a cura di), *Identité italienne, L'art en Italie depuis 1959*, catalogo della mostra, Centre Georges Pompidou Paris, Centro Di, Firenze 1981.

Michel de Certeau, *L'invenzione del quotidiano* (1990), Edizioni del Lavoro, Roma 2001.

Gilles Deleuze, *Logica del senso* (1969), Feltrinelli, Milano 1997.

Gilles Deleuze, *Due regimi di folli e altri scritti. Testi e interviste 1975-1995,* a cura di Deborah Borca, Einaudi, Torino 2003.

Gilles Deleuze, "Un manifesto di meno", in Carmelo Bene, Gilles Deleuze, *Sovrapposizioni*, Feltrinelli Milano 1978.

Gilles Deleuze, *Francis Bacon, Logica del senso* (1981), Quodlibet, Macerata 1995.

Gilles Deleuze, *L'immagine-tempo* (1985), Ubulibri, Milano 1989.

Gilles Deleuze, *Il sapere. Corso su Michel Foucault* (1985-1986) /1, Ombre Corte, Verona 2014.

Gilles Deleuze, *Foucault*, Cronopio, Napoli 2002.

Gilles Deleuze, "Che cosa è un dispositivo?"(1989), in Gilles Deleuze, *Due regimi di folli e altri scritti. Testi e interviste 1975-1995*, Einaudi, Torino 2003, pp. 279-287.

Ernesto de Martino, *Morte e pianto rituale, dal lamento funebre antico al pianto di Maria* (1958), Boringhieri, Torino 1975.

Ernesto de Martino, *La terra del rimorso. Contributo a una storia religiosa del Sud* (1961), Il Saggiatore, Milano 2015.

Ernesto de Martino, *Sud e magia* (1985), Feltrinelli, Milano 2001.

Ernesto de Martino, *La fine del mondo. Contributo all'analisi delle apocalissi culturali*, a cura di Clara Gallini, Einaudi, Torino 1977.

Chris Dercon, *Keep Take it Apart: An Interview with Bruce* Nauman, in *Bruce Nauman*, Hayward Gallery, London 1999.

Jacque Derrida, *La scrittura e la differenza* (1967), Einaudi, Torino 1971.

Jacques Derrida, *Limited Inc.*, Éditions Galiée, Paris 1990.

Jacques Derrida, *Mal d'archivio. Un'impressione freudiana* (1995), Filema, Napoli 2005.

Jacques Derrida, *Adesso l'architettura*, Libri Scheiwiller, Milano 2008.

Jacques Derrida, *Pensare al non vedere. Scritti sulle arti del visibile (1979-2004)*, (2013), Jaca Book, Milano 2016.

Georges Didi-Huberman, *L'invenzione dell'isteria. Charcot e l'iconografia fotografica della Salpêtrière* (1982) Marietti, Genova 2008

Georges Didi-Huberman, *L'immagine insepolta. Aby Warburg, la memoria dei fantasmi e la storia dell'arte* (2002), Bollati Boringhieri, Torino 2006.

Georges Didi-Huberman, "L'immagine brucia" (2006), in Andrea Pinotti, Antonio Somaini (a cura di), *Teorie dell'immagine*, Raffaello Cortina, Milano 2009 pp. 241-268.

Georges Didi-Huberman, *Georges Didi-Huberman su Giuseppe Penone* (2000), Electa, Milano 2008.

Georges Didi-Huberman, *Storia dell'arte e anacronismo delle immagini*, Bollati Boringhieri, Torino 2007.

Georges Didi-Huberman, *Come le lucciole. Una politica delle sopravvivenze* (2009), Bollati Boringhieri, Torino 2010.

Georges Didi-Huberman, "*IV Poèmes de peuples*", *Peuples exposés. Peulpes figurants. L'Oeil del l'Historie*, 4, Les Editions de Minuit, Paris 2012.

Bruno Di Marino, *Sguardo inconscio azione. Cinema sperimentale e underground a Roma (1965-1975)*, Lithos, Roma 1999.

Umberto Eco, *Semiotica e filosofia del linguaggio*, Einaudi, Torino 1984.

Umberto Eco, *I limiti dell'interpretazione*, Bompiani, Milano 1990.

Umberto Eco, *Dire quasi la stessa cosa. Esperienze di traduzione*, Bompiani, Milano 2003.

Edoardo Fadini, "La crisi di chi guarda, Carmelo Bene/ Leo De Bernardinis / Edoardo Fadini sul *Don Chisciotte* di Carmelo Bene", *Sipario*, n. 271, novembre 1968, pp. 12-14.

Vittorio Fagone (a cura di), *Arte e cinema. Per un catalogo di cinema d'artista in Italia 1965/1977*, Centro Internazionale di Brera, Marsilio, Venezia 1977.

Marco Farano, Maria Cristina Mundici, Maria Teresa Roberto, *Michelangelo*

Pistoletto. Il varco dello specchio. Azioni e collaborazioni 1967/2004, Edizioni Fondazione Torino Musei, Torino 2005.

Bruna Filippi, "C.B. n'est pas un Mystique", in Christian Biet, Cristina De Simone (a cura di), *D'après Carmelo Bene, Revue d'Histoire du Théâtre*, 3, n. 236, pp. 323-336.

Jacques Fontanille, *Figure del corpo. Per una semiotica dell'impronta,* Meltemi, Roma 2004.

Hal Foster, *Il ritorno del reale. L'avanguardia alla fine del Novecento* (1996) Postmedia Books, Milano 2006.

Hal Foster, "An Archivial Impulse", *October* 110, Fall 2004, p. 3 e p. 5.

Hal Foster, *Design & Crime* (2002), Postmedia Books, Milano 2003.

Michel Foucault, *Le parole e le cose* (1966), Rizzoli, Milano 1967.

Michel Foucault, "Eterotopie", *Archivio Foucault 3. 1978-1985. Estetica dell'esistenza, etica, politica* (1967), Feltrinelli, Milano.

Michel Foucault, *L'archeologia del sapere. Una metodologia per la storia della cultura* (1969), Rizzoli, Milano 1999.

Michel Foucault, *La volontà di sapere* (1976), Feltrinelli, Milano 1978.

Michel Foucault, *Scritti letterari,* Feltrinelli, Milano 2004.

Michel Foucault, *L'uso dei piaceri* (1984), Feltrinelli, Milano 1984.

Elisa Francesconi, *Franco Angeli e Tano Festa pittori con la macchina da presa,* Postmedia, Milano 2018.

Sigmund Freud, *Opere 1905 – 1908*, vol. V, Bollati Boringhieri, Torino 1972.

Michael Fried, *Art and Objecthood. Essays and Reviews,* The University of Chicago Press, Chicago-London 1998.

Clara Gallini, "Il documentario etnografico 'demartiniano'", in *La Ricerca Folklorica*, N°. 3, "Antropologia visiva. Il cinema", aprile 1981.

Francesca Gallo (a cura di), "La performance in Italia. Temi, protagonisti, problemi" in *Ricerche di Storia dell'arte*, 114, 2014.

Gérad Genette, *Palinsesti. La letteratura al secondo grado* (1982), Einaudi, Torino 1997.

Gérad Genette, *Soglie. I dintorni del testo* (1987), Einaudi, Torino 1989.

Gérard Genette, *L'opera dell'arte. I. Immanenza e trascendenza* (1994), CLUEB, Bologna 1999.

Gérard Genette, *L'opera dell'arte. II. La relazione estetica* (1998), CLUEB, Bologna 1998.

Piergiorgio Giacché, *Carmelo Bene. Antropologia di una macchina teatrale,* Bompiani, Milano 1997.

Maurizio Grande (a cura di), "Carmelo Bene e il circuito barocco", in *Bianco e Nero* 11/12, 1973.

Maurizio Grande, "La scena del riflesso" (Note per una ripresa)", in "Il nuovo teatro di Carmelo Bene", *Quadrangolo* n. 5, 1976, p. 81-84.

Maurizio Grande, "La grandiosità del vano", in Carmelo Bene, *Lorenzaccio,* Nostra Signora Editrice, Firenze 1986, pp. 85-155.

Dorothea von Hantelmann, *How to Do Things with Art. The Meaning of Art's Performativity*, JRP/Ringier & Les presses du réel, Zurich, Dijon 2010.

Fredric Jameson, *Postmodernismo ovvero la logica culturale del tardo capitalismo* (1991), Fazi Editore, Roma 2007.

Michael Kirby (a cura di), *Happening, Antologia Illustrata. Scritti e realizzazioni di Jim Dine, Red Grooms, Allan Kaprow, Claes Oldenburg, Robert Withman* (1965), De Donato, Bari 1968.

Pierre Klossowski, "Cosa mi suggerisce il gioco ludico di Carmelo Bene", in Carmelo Bene, *Otello o lo deficienza della donna*, Feltrinelli, Milano 1979.

Rosalind Krauss, *Doppio negativo*: una nuova sintassi per la scultura, in *Passaggi. Storia della scultura da Rodin alla Land Art* (1981), Bruno Mondadori, Milano 1998, pp. 245-288.

Jacques Lacan, *Il Seminario. Libro XI. I quattro concetti fondamentali della psicoanalisi*, Einaudi, Torino 2003.

Daniela Lancioni, "Pino Pascali a Torre Astura", in *Quaderni di scultura contemporanea*, n. 10, 2011, pp. 9-18.

Daniela Lancioni, "Il vedere chiaro di Claudio Abate", in Daniela Lancioni, Francesca Rachele Oppedisano (a cura di), *Benedette Foto! Carmelo Bene visto da Claudio Abate*, Skira, Ginevra- Milano 2012, pp.13-25.

Alfredo Leonardi, "Sperimentale a Spoleto", in *Filmcritica*, n. 168, luglio 1966, pp. 364-366.

Alfredo Leonardi, "Il cinema libero di Porretta Terme", in *Il Marcatré*, n. 8-10, 1967, pp. 168-170

Alfredo Leonardi, *Il New American Cinema*, Feltrinelli, Milano 1971.

Carla Lonzi, *Autoritratto* (1969) Et.al./ Edizioni, Milano 2010.

Rino Maenza (a cura di), *Il sommo Bene*, Kurumuny, Calimera (Lecce) 2019.

Jean-Paul Manganaro, "Carmelo Bene: lo splendore dell'illusione", in Daniela Lancioni, "Il vedere chiaro di Claudio Abate", in Daniela Lancioni, Francesca Rachele Oppedisano (a cura di), *Benedette Foto! Carmelo Bene visto da Claudio Abate*, Skira, Ginevra- Milano 2012, pp. 27-35.

Lorenzo Mango, "La Nuova Critica e la recitazione", Acting Archives Review, anno II, n° 3, maggio 2012, pp. 149-214.

Giacomo Manzoli, Guglielmo Pescatore (a cura di), *L'arte del risparmio: stile e tecnologia. Il cinema a basso costo in Italia negli anni Sessanta*, Carocci, Roma 2005.

Marta Marchetti, "Cristo '63 di Carmelo Bene. Omaggio a Joyce", in *Acting Archives Review. Rivista di studi sull'attore e la recitazione*, Anno VIII, n. 16, novembre 2018, pp. 50-68.

Maurice Merleau-Ponty, *Il visibile e l'invisibile*, Bompiani, Milano 2003 (edizione postuma 1964).

Christian Metz, *L'enunciazione impersonale o il luogo del film* (1991), ESI, Napoli 1995.

Alberto Moravia, "Un film beat. Eroina a colazione", *L'Espresso*, 7 febbraio 1965.

Alberto Moravia, "Nostra Signora dei Turchi. Una bambola all'altare", 2 febbraio, 1969.

Emiliano Morreale (a cura di), *Carmelo Bene, Contro il cinema*, Minimun Fax, Milano 1999.

Donatella Orecchia, "La stagione di Carmelo Bene al Beat 72 (1966-1967): l'inciampo come metodo", *Il castello di Elsinore*, n. 79, 2019.

Craig Owens, "The Allegorical Impulse: Toward a Theory of Postmodernism Part 1", in *October*, vol. 12, Spring, 1980, pp. 67-86.

Craig Owens, "The Allegorical Impulse: Toward a Theory of Postmodernism Part 2", in *October*, vol. 13, Summer, 1980, pp. 58-80.

Franco Quadri, "Carmelo Bene", in *Tradizione e ricerca. Il teatro degli anni Settanta*, Einaudi, Torino 1982, pp. 307-371.

Giulia Raciti, *Il ritornello crudele dell'immagine. Critica e poetica del cinema di Carmelo Bene*, Mimesis, Milano-Udine 2018.

Jacques Rancière, *Il destino delle immagini* (2003), Luigi Pellegrini Editore, Cosenza 2007.

Jacques Rancière, *Il disagio dell'estetica* (2004), ETS, Pisa, 2009.

Paul Ricoeur, *Ricordare, dimenticare, perdonare. L'enigma del passato* (1998), Il Mulino, Bologna 2004.

Giuliana Rossi, *I miei anni con Carmelo Bene*, Edizioni della Meridiana, Firenze 2005.

Cosetta G. Saba, *Carmelo Bene* (1999), Il Castoro, Milano 2005.

Alessandra Troncone, *La smaterializzazione dell'arte in Italia 1967-1973*, Postmedia Books, Milano 2014.

Salvatore Vendittelli, *Carmelo Bene tra teatro e spettacolo* (a cura di), Armando Petrini, Accademia University Press, Torino 2015.

Daniela Visone, "Carmelo Bene. Un attore artifex agli esordi tra provocazione e conformismo borghese", in Lorenzo Mango (a cura di), *La nuova critica e la recitazione*, Acting Archives Review, II, n. 3, maggio 2012, pp. 166-179.

Ringraziamenti

Desidero ringraziare Mario Masini, Fulvio Baglivi, Sergio Grmek Germani,
Valentina Valentini, Andrea Mariani, Monica Palliccia (Archivio "Immemoriale
di Carmelo Bene", Casa dei teatri, Roma), Daniela Currò, Viridiana Rotondi,
Maria Assunta Pimpinelli, Enrico Di Addario (Cineteca Nazionale, Roma),
Francesca Maria Cadin (Teche RAI, Roma), Marco Farano (Archivio Pistoletto,
Fondazione Pistoletto, Biella), Riccardo Abate (Archivio Claudio Abate),
Archivio Ando Gilardi.

Carmelo Bene
Cinema, arti visive, happening, teatro
di Cosetta Saba

postmedia books 2019
seconda ristampa marzo 2021
206 pp. 76 ill.
isbn 9788874902507

in questa collana:
Nicolas Bourriaud, *L'exforma*, 2016
Roberto Pinto, *Artisti di carta*, 2016
Molly Nesbit, *Il pragmatismo nella storia dell'arte*, 2017
Teresa Macrì, *Fallimento*, 2017
AA.VV., *Arte fuori dall'arte*, 2017
AA.VV., *Roberto Daolio. Aggregati per differenze (1978-2010)*, 2017
Elio Grazioli, *Infrasottile. L'arte contemporanea ai limiti*, 2018
Alessandro Demma, *Il museo come spazio critico. Artista-Museo-Pubblico*, 2018

Postmedia Srl
Milano
www.postmediabooks.it

www.ingramcontent.com/pod-product-compliance
Lightning Source LLC
LaVergne TN
LVHW020325200726

843507LV00012B/2235